Alban Rüttenauer

"Schwarz bin ich und schön" (Hld 1,5) - Die Botschaft des Hohen Liedes

Alban Rüttenauer

"Schwarz bin ich und schön" (Hld 1,5) - Die Botschaft des Hohen Liedes

Ausgewählte Beispiele von Properz, Hebbel, Heyse, Hugo, Lasker-Schüler, Celan und Schindel

Fromm Verlag

Imprint

Cover image: www.ingimage.com

Publisher:
Fromm Verlag
is a trademark of
Dodo Books Indian Ocean Ltd., member of the OmniScriptum S.R.L Publishing group
str. A.Russo 15, of. 61, Chisinau-2068, Republic of Moldova Europe
Printed at: see last page
ISBN: 978-613-8-37510-4

„Schwarz bin ich und schön“ (Hld 1,5) – Die Botschaft des Hohen Liedes im Spiegel der schönen Literatur

Ausgewählte Beispiele von Properz, Hebbel, Heyse, Hugo, Lasker-Schüler, Celan und Schindel

Für die Studierenden der PTHV Vallendar

Inhalt

Prolog

Auf einer wissenschaftlichen Tagung zum Hohen Lied wurde ich an eine Lektüre aus Schülertagen erinnert, mit der ich damals Französisch lernen wollte. Eine Idee war bald geboren, und in einer Vorlesungsreihe fand sie ihren ersten Niederschlag.
Die folgenden Texte und Abhandlungen erheben keinen wissenschaftlichen Anspruch im engeren Sinn. Sekundärliteratur konnte nur sporadisch mit einbezogen werden. Eher wollen sie zu einem lockeren, spielerischen Umgang mit einem biblischen Text und seinem Fortwirken in späteren Dichtungswerken einladen. Dennoch musste auch ein kleiner Einblick in die Werkstatt exegetischen Arbeitens gewährt werden, wenn auf folgende zwei miteinander zusammenhängende Fragen eine Antwort gefunden werden sollte: Hilft exegetische Grundkenntnis beim Verstehen von biblisch inspirierten Dichtungen? Kann die Exegese ihrerseits aus der Vielfalt dichterischer und literarischer Bearbeitungen biblischer Texte nützliche Impulse empfangen?
Persönliche Beobachtungen bilden den Ausgangspunkt. Zu weiterem Ausschauhalten, genauem Hinsehen, intensivem Hineinhören, verschärftem Nachdenken möchten sie anregen.

1. Übersetzung

Eine Sammlung von Gedichten, die nicht in gleicher Weise wie die Psalmen auch als Gebete verstanden werden wollen, findet überraschend Eingang in die Bibel. Sie handelt viel von Gärten als Orten ungezwungen freier Begegnung zwischen Mensch und Mitmensch und ist selbst so etwas wie ein Garten innerhalb der Bibel, in dem man sich einmal losgelöst von allen angstmachenden Glaubenszwängen und fordernden Geboten glücklich ergehen kann. Durch ein Hintersichlassen der Städte, Festungen und Zirkel unserer einengenden menschlichen Gesellschaft wollen diese Gärten stets aufs Neue aufgesucht und aufgefunden sein, als Rückzugsstätten paradiesischer Unschuld inmitten einer bedrohten und leidgeprüften Welt. Folgende Übersetzung mit kursiv hinzugefügten Überschriften möchte als Wegweiser dienen:

(1,1) Das Lied der Lieder, das von (für)[1] Salomo (ist).

Aufforderung an den Geliebten

(2) Küssen soll er mich mit den Küssen seines Mundes:[2] Besser noch ist deine Liebe als Wein. (3) Dem Geruch sind deine Öle gut, das ausgegossene Öl deines Namens. Darum haben dich die jungen Frauen lieb. (4) Zieh mich hinter dich her, lass uns laufen. Kommen ließ mich der König zu seinen Gemächern. Wir wollen jubeln und uns an dir freuen. Nachgehen lassen[3] wollen wir uns deine Liebe mehr als Wein. Zurecht lieben sie dich.

Selbstvorstellung der Frau

(5) Schwarz bin ich und schön, Töchter Jerusalems, wie die Zelte von Kedar, wie die Decken Salomos. (6) Fürchtet mich nicht, dass ich so schwärzlich bin, dass mich die Sonne erblickt hat. Die Söhne meiner Mutter schnauben über mich, sie haben mich als Hüterin der Weinberge eingesetzt. Meinen Weinberg, der mir gehört, habe ich nicht behütet.

Die Liebende auf Suche

(7) Teile mir mit, du, den meine Seele liebt, wo weidest du, wo lagerst du dich am Mittag? Denn warum soll ich sein wie eine, die sich einhüllt vor den Herden deiner Gefährten. (8) „Wenn du es für dich selber nicht weißt? Schönste der Frauen, geh

---

[1] Die entsprechende Präposition im Hebräischen dient in Titeln zuerst zur Angabe der Autorschaft. Doch unter der Voraussetzung, dass der fiktive Charakter dieser Zuschreibung allgemein bekannt war, kann man sie auch in unterschiedlicher Weise wiedergeben.

[2] Die Münchner Gesamtausgabe von Goethes Werken, Bd. I.2, bietet auf den Seiten 449-455 einen Übersetzungsversuch des jungen Goethe, worin er sich, S. 449, eine wörtliche Wiedergabe des doppelten Akkusativs im Hebräischen getraut: „Küß er mich den Kuß seines Mundes!" Die Übersetzung Goethes ist annähernd vollständig, lässt aber ihm lästig erscheinende Wiederholungen aus. Dem fallen die Verse: 3,5; 3,7-11; 4,6; 6,4-5; 7,3; 8,3; 8,8-15 zum Opfer, vgl. Kommentar 858.

[3] Wörtlich: „gedenken".

doch hinaus, den Fußspuren der Herde nach und weide deine Zicklein bei den Wohnungen der Hirten."

Antwort des Geliebten

(9) „Mit meinem Pferd unter den Gespannen des Pharao vergleiche ich dich, meine Freundin. (10) Schön sind deine Wangen mit den Ringen, dein Hals mit den Ketten. (11) Goldringe wollen wir dir machen mit silbernen Perlen[4]."

Begegnung

(12) Solange der König in seiner Umgebung ist, gibt meine Narde ihren Geruch. (13) Umschlossen von Myrrhe ist mein Geliebter mir, zwischen meinen Brüsten hat er übernachtet. (14) Eine Traube von Henna ist mein Geliebter mir in den Weinbergen von Engadi. (15) „Sieh dich an, schön bist du meine Freundin, sieh dich an, du bist schön, deine Blicke sind Tauben." (16) Sieh dich an, schön bist du, mein Geliebter, auch lieblich, auch unser Lager ist auf frischem Grün. (17) Die Wände unseres Hauses sind Zedern, unsere Sparren Zypressen.

Wechselgesang

(2,1) Ich, die Blume von Scharon bin ich, die Lotuslilie[5] der Taltiefen.[6] (2) „Wie die Lilie unter den Dornen, so ist meine Freundin unter den Töchtern." (3) Wie der Apfelbaum unter den Bäumen des Waldes, so ist mein Geliebter unter den Söhnen. In seinem Schatten verlockte mich zu sitzen und seine Frucht war meinem Gaumen süß.

(4) Er brachte mich zum Haus des Weines und sein Zeichen über mir war Liebe. (5) Erquickt mich mit Traubenkuchen, erheitert mich mit Äpfeln! Fürwahr krank bin ich

---

[4] Goethe, Münchner Gesamtausgabe I.2, 449: „Pöcklein." Hier wie anderswo zeigt sich Goethes Bestreben, die Bilder des Hohen Liedes durch volkstümlich derbe Ausdrücke in ihrer Sinnenhaftigkeit noch zu verstärken.

[5] Nach Meinung der Gelehrten ist hier die Lotusblume gemeint. Es steht aber zu fürchten, dass sie dem gewöhnlichen deutschsprachigen Leser nicht viel sagt. „Lilie" ist also hier in einem sehr weit gefassten poetischen Sinn zu nehmen.

[6] Goethe, Das Hohelied Salomons, Münchner Gesamtausgabe I.2, 450, übersetzt mit volkstümlichen Ausdrücken: „Ich bin die Rose im Tal! Bin ein Mai Blümgen!"

nach Liebe.[7] (6) Seine Linke ist unter meinem Haupt, da hält mich seine Rechte umschlungen. (7) Ich beschwöre euch, Töchter Jerusalems, bei den Gazellen,[8] oder den Hirschen des Feldes: wehe, solltet ihr wecken, erwecken die Liebe, noch bevor es ihr gefällt.

Besuch des Geliebten

(8) Die Stimme[9] des Geliebten, siehe da, er kommt, springend über die Berge,[10] hüpfend über die Hügel. (9) Es gleicht mein Geliebter der Gazelle, oder dem jungen Hirschen. Siehe, schon steht er hinter unseren Schultern, blinzelt durch die Fenster, lugt zwischen den Gitterstäben. (10) Es ruft mein Geliebter und redet zu mir: Auf, steh auf, meine Freundin, meine Schöne, und komm hervor! (11) Denn siehe, der Winter ging vorüber, der Regen verzog sich und schwand.[11] (12) Die Blüten zeigen sich auf der Erde, die Zeit des Gesanges hat sich genaht. Die Stimme der Turteltaube lässt sich hören in unseren Ländern. (13) Der Feigenbaum reift seine Feigen und die knospenden Reben spenden Duft. Steh auf, komm, meine Freundin, meine Schöne, komm hervor. (14) Meine Taube in den Klüften der Felsen, im Versteck des Steiges, lass mich sehen deinen Anblick, lass mich hören deine Stimme. Fürwahr deine Stimme ist lieblich und dein Anblick ist schön. (15) Fangt uns die Füchse! Die Füchse, die kleinen, zerstören die Weinberge, unsere knospenden Weinberge.

(16) Mein Geliebter ist mein und ich bin sein, er, der unter Lotuslilien weidet. (17) Bevor der Tag anbricht und die Schatten weichen: Wende dich und werde, Geliebter, den Gazellen gleich oder dem jungen Hirschen auf Bergesrücken.

---

[7] Oder: vor (an?, von?) Liebe.

[8] Die Pluralform ist völlig gleichlautend wie die für „Heerscharen" in der Verbindung „HERR der Heerscharen." Zufall? Absicht?

[9] Die „Stimme" vermag auf prophetische Texte wie Jes 40,3.6 zurück, aber auch auf Texte des NT wie Joh 10 mit dem Hirten, auf dessen Stimme die Schafe hören, voraus zu verweisen.

[10] Hier wird dasselbe Verb verwendet wie in Ps 18,30 bei der Stelle: „mit meinem Gott überspringe ich Mauern."

[11] Ob diese Stelle Goethes Osterspaziergang beeinflusst haben mag? Dieser beginnt mit den Worten: „Vom Eise befreit sind Strom und Bäche / Durch des Frühlings holden, belebenden Blick. / Im Tale grünet Hoffnungsglück; / Der alte Winter, in seiner Schwäche, / zog sich in rauhe Berge zurück." (nach: Johann Wolfgang von Goethe: Faust. Der Tragödie erster Teil, Szene: Vor dem Tor (Hamburger Lesehefte), Hamburg o.J, 25). Dann hätte das Hohelied auch ein ganz unerotisches Gedicht zu inspirieren vermocht. Der Gegensatz von Tod und Leben spielt jedenfalls auch im Hohen Lied möglicherweise eine ähnliche Rolle wie beim Anfang von Goethes Faust.

Die Geliebte auf Suche

(3,1) Auf meiner Bettstatt in den Nächten habe ich gesucht ihn, den meine Seele liebt; gesucht habe ich ihn und nicht gefunden. (2) Ich will doch aufstehen und mich umsehen in der Stadt, auf den Straßen und Plätzen. Ich will suchen ihn, den meine Seele liebt; gesucht habe ich ihn, doch nicht gefunden. (3) Mich fanden die Wächter, die umherziehen in der Stadt. „Ihn, den meine Seele liebt, habt ihr ihn gesehen?" (4) Kaum war ich weitergezogen von ihnen, als ich ihn fand, den meine Seele liebt. Ich ergriff ihn, da will ich ihn nicht wieder loslassen, bis ich ihn geführt habe zum Haus meiner Mutter und in die Kammer derjenigen, die mit mir schwanger war. (5) Ich beschwöre euch, Töchter Jerusalems, bei den Gazellen oder bei den Hinden des Feldes, weckt nicht, erweckt nur nicht die Liebe, bevor es ihr gefällt!

König Salomo und sein Hof

(6) Wer ist diese, die aufsteigt aus der Wüste, wie eine Wolkensäule, duftend von Myrrhe und Weihrauch, mehr als aller Gewürzrauch eines Händlers? (7) Siehe das Bett, das Salomo gehört, sechzig Helden umstehn es, aus den Helden Israels. (8) Sie alle haben ein Schwert aufgegriffen, eingestellt auf Kampf,[12] ein jeder hat sein Schwert an seiner Seite, aus Schrecken vor den Nächten.

(9) Eine Sänfte hat sich gemacht der König Salomo aus den Hölzern des Libanon. (10) Ihre Tragebalken hat er gemacht aus Silber, ihre Lehne aus Gold, ihren Sitz aus Purpur; ihre Mitte ist ausgelegt mit liebender Sorgfalt durch die Töchter Jerusalems. (11) Tretet doch vor und schaut, Töchter Zions, auf den König Salomo in seinem Kranz, mit dem ihn bekränzt seine Mutter am Tag seiner Hochzeit, und am Tag der Freude seines Herzens.

---

[12] Auch dies wie eine Anspielung auf Ps 18,35.

Der Geliebte an die Liebende

(4,1) Siehe, du bist schön, meine Freundin, siehe du bist schön, deine Blicke sind Tauben durch deinen Schleier hindurch, dein Haar ist wie eine Herde Ziegen, die vom Berge Gilead herunterwallt. (2) Deine Zähne sind wie eine Herde Schafe, die von der Schwemme heraufkommen. Sie alle haben Zwillinge, eine kinderlose gibt es nicht unter ihnen.

(3) Wie ein karmesinroter Faden sind deine Lippen, mehr, als Worte dich schildern, bist du schön, wie der Spalt des Granatapfels ist deine Schläfe hinter deinem Schleier. (4) Wie der Turm Davids ist dein Nacken, gebaut zu Bogen. Tausend Schilde hängen an ihm, alles Köcher[13] der Helden. (5) Deine zwei Brüste sind wie zwei Rehlein (Kitzlein), wie die Zwillinge einer Gazelle, die unter Lilien (*oder*: Lotusblumen) weiden. (6) Bis anbricht der Tag und weichen die Schatten, will ich gehen zum Myrrhenberg und zum Weihrauchhügel.

(7) Alles an dir ist schön, meine Freundin, es ist kein Mangel an dir.

(4,8) Mit mir vom Libanon, Braut,[14] mit mir vom Libanon komm'! Steig herab vom Gipfel des Amanah, vom Gipfel des Senir und des Hermon, von den Wohnungen der Löwen, von den Bergen der Panther. (9) Du hast mir das Herz gestohlen, Schwester Braut,[15] du hast mir das Herz gestohlen mit bloß einem deiner Blicke, mit nur der einen Kette aus deinem Halsschmuck. (10) Wie gut tut deine Liebe, Schwester Braut, um wieviel besser tut deine Liebe als Wein und der Duft deiner Öle als aller Balsam.

---

[13] Man könnte an Ps 127 denken, wo die Pfeile im Köcher (V. 4-5) für die eigenen Kinder und die damit garantierte Altersversorgung stehen. Doch für Köcher ist hier ein anderes, im übrigen auch sehr unsicheres Wort gebraucht. Nur die Ausdrücke „bauen" und „Held" sind gemeinsam.

[14] Viele sehen im Wechsel der Anrede den Hinweis, dass in der Zwischenzeit eine offizielle Verlobung stattgefunden haben muss. Auf eine solche deute auch vorher in 3,4 das „Haus der Mutter", als klassischer Verlobungsort, sowie in 3,11 der „Hochzeitskranz" hin. Man hat dann allerdings die Schwierigkeit, den Umschwung in 5,2 richtig einzuordnen. Vielleicht ist einfach der Überschwang der Gefühle angedeutet.

[15] Um das Anstößige, das an dieser Wortverbindung empfunden werden könnte, zu umgehen, nehmen Jentzmik u.a.: Das Lied der Lieder, 49, den ersten Teil in einer übertragenen Bedeutung und übersetzen entsprechend: „du meine Einzige / meine Braut".

(11) Von Honigseim träufeln deine Lippen, Braut. Honig und Milch sind unter deiner Zunge und der Geruch deiner Kleider ist wie der Duft vom Libanon.

(12) Ein verschlossener Garten ist meine Schwester Braut, eine verschlossene Welle[16], ein versiegelter Quell. (13) Deine Schösslinge sind ein Baumgarten[17] für Granatäpfel mit köstlichen Früchten, Cypernblumen mit Narden. (14) Narde und Safran, Rohr und Zimt, mit allen Hölzern zum Weihrauch, Myrrhe und Dufthölzer und alle Blüten von Balsam. (15) Die Quelle des Gartens ist ein Brunnen lebendiger Wasser, da fließen sie vom Libanon her.

(16) Wach auf, Nordwind, da komm' her, Südwind, wehe in meinen Garten, dann soll er überströmen von seinen Balsamdüften. Kommen soll mein Geliebter zu seinem Garten, dann kann er essen von seinen kostbaren Früchten.

(5,1) Gekommen bin ich zu meinem Garten, Schwester Braut, aufgelesen habe ich meine Myrrhe mit meinem Balsam. Gegessen habe ich meine Wabe mit meinem Honig, getrunken habe ich meinen Wein mit meiner Milch. Esst, Freunde, trinkt, berauscht[18] euch an der Liebe.

Die Geliebte auf Suche

(5,2) Ich selber schlafe, doch mein Herz ist wach. Die Stimme meines Geliebten, der anklopft: Öffne mir, meine Schwester, meine Freundin, meine Taube, meine Vollendete! Mein Haupt ist voll von Tau und meine Locken von Tropfen der Nacht. (3) Abgestreift[19] habe ich mein Gewand; wie soll ich es wieder anziehen? Gewaschen habe ich meine Füße; wie soll ich sie wieder schmutzig machen? (4) Mein Geliebter hat seine Hand durch den Spalt gesteckt, meine Eingeweide zittern ihm entgegen. (5) Aufgestanden bin ich, um dem Geliebten zu öffnen, doch meine Hände triefen noch von Myrrhe und meine Finger von Myrrhenharz über dem Bolzen des Riegels.

---

[16] Andere lesen auch hier nach Austauschung eines Konsonanten „Garten".
[17] Im Original steht hier *pardês*, Lehnwort aus dem Persischen, wovon unser „Paradies" herkommt.
[18] Von dem Verb *shikker* im Hebräischen, das hier gebraucht wird, stammt das aus dem Jiddischen in unseren Sprachgebrauch gelangte „beschickert" für „angetrunken".
[19] Redet hier noch der Geliebte oder ist es die ausweichende Antwort der Frau? Das ist nicht leicht zu entscheiden.

(6) Geöffnet habe ich für meinen Geliebten, doch mein Geliebter ist abgebogen, hat kehrt gemacht. Meine Seele kam heraus auf sein Wort hin,[20] indem ich ihn suchte, ohne ihn zu finden, und ihn rief, ohne dass er mir antwortete. (7) Es fanden mich die Wächter, die umherziehen in der Stadt, sie schlugen mich, sie verwundeten[21] mich. Sie trugen mein Obergewand von mir fort, sie, die Wächter[22] der Mauern. (8) Ich beschwöre euch, Töchter Jerusalems, wenn ihr findet meinen Geliebten, was teilt ihr ihm mit? Dass ich krank nach Liebe bin meinerseits.

Die Liebende über den Geliebten

(5,9) Was hat dein Geliebter mehr als sonst ein Geliebter, schönste der Frauen? Was hat dein Geliebter mehr als sonst ein Geliebter, dass du uns so beschwörst?

(10) Mein Geliebter ist strahlend und rot, herausragend unter Tausenden. (11) Sein Haupt ist von Gold und Feingold. Seine Locken sind Dattelrispen [*oder*: Palmzweige], schwarz wie der Rabe. (12) Seine Augen sind gleich Tauben über Wasserwogen, badend in Milch und sitzend auf einem Trinkgefäß. (13) Seine Wangen sind wie ein Beet von Balsam, die Würzkräuter großziehen. Seine Lippen sind Lotuslilien, die von strömender Myrrhe triefen. (14) Seine Hände sind Stangen aus Gold, besetzt mit Tarschisch, sein Leib ein Kunstwerk aus Elfenbein, von Saphirsteinen bedeckt. Seine Schenkel Säulen aus Alabaster, gegründet auf Sockel aus Feingold. Sein Anblick ist wie der Libanon, auserlesen wie Zedern. (16) Sein Gaumen strotzt von Süße und sein ganzen Wesen von Reizvollem. Das ist mein Geliebter, so ist mein Freund, Töchter Jerusalems.

---

[20] Ganz anders deutet Philippson: „mir schwanden die Sinne, als er redete […]“. (Die Schriften in der Übersetzung von Rabbiner Ludwig Philippson, 409.)

[21] Manche übersetzen geradezu: „vergewaltigten“. Z.B. G. Begrich, Das Hohelied Salomos, 27.

[22] Hier schwingt eine unterschwellige Ironie mit: die, die eigentlich beschützen sollten, werden selbst zur Bedrohung. Die Ironie wird noch dadurch um ein Vielfaches gesteigert, dass die Bezeichnung „Wächter“ hier vom Partizip desjenigen Verbs (*shamar*) gebildet wird, das sonst für das Einhalten der Gebote steht. Es ist ein bis heute fortbestehendes Problem, dass die verantwortlichen Institutionen lange Zeit mehr damit beschäftigt waren, Täter und deren Taten zu decken, statt die Opfer zu schützen.

(6,1) Wohin ging dein Geliebter, schönste unter den Frauen? Wohin wandte sich dein Geliebter? So wollen wir ihn suchen mit Dir!

(2) Mein Geliebter stieg zu seinem Garten, zu den Balsambeeten, um in den Gärten zu weiden und Lotuslilien zu pflücken. (3) Ich gehöre meinem Geliebten und mein Geliebter gehört mir, er, der unter den Lotuslilien weidet.

Antwort des Geliebten

(4) Schön bist du, meine Freundin, wie Tirza, lieblich wie Jerusalem, furchtbar wie Bewaffnete. (5) Lass schweifen deine Blicke von mir, sie verwirren mich. Dein Haar ist wie eine Herde Ziegen, die vom Berge Gilead herunterwallt. (6) Deine Zähne sind wie eine Herde Schafe, die von der Schwemme heraufkommen. Sie alle haben Zwillinge, eine kinderlose gibt es nicht unter ihnen. (7) Wie der Spalt des Granatapfels ist deine Schläfe hinter deinem Schleier. (8) Sechzig zählen die Königinnen und achtzig die Nebenfrauen und die jungen Frauen sind nicht mehr zu zählen. (9) Nur eine ist meine Taube, meine Vollendete, nur eine ist sie für ihre Mutter, rein für sie, die sie geboren hat. Es sahen sie die Töchter, da lobten sie sie, Königinnen und Nebenfrauen, und priesen sie.

(10) Wer ist sie, die hinabblickt als wie die Morgenröte, schön wie der Mond, lauter wie der Feuerball (Sonne) und furchtbar wie Bewaffnete? (11) Zum Nussgarten stieg ich hinab, um zu sehen die Blüten am Bach, um zu sehen: ist aufgeblüht die Rebe, sind gereift die Granatäpfel? (12) Ich weiß nicht wie, meine Seele hat mich gesetzt zu den Wagen Amminadibs.[23]

---

[23] Die Schwierigkeit der Übersetzung an dieser Stelle besteht darin, dass nicht sicher zu sagen ist, ob „Amminadib" einen Eigennamen darstellt oder eine konkrete Bedeutung hat. Vgl. die Diskussion bei G. Begrich, Das Hohelied Salomos, 51: „Meines Erachtens ist Amminadiv der Name des geliebten Hirten, den ihre Seele liebt. Sulamith muss sich in ihrer Liebe entscheiden zwischen dem „König Salomo" und dem Hirten Amminadiv. Von dieser Schönheit und Tragik der Liebe handelt die ganze Dichtung.

(7,1) Dreh dich (kehr dich), dreh dich, Schulammit[24], dreh dich, dreh dich herum, dass wir dich anschauen. Was seht ihr an Schulammit? Etwas wie Tanz der beiden Reihen.[25] (2) Wie schön sind deine Schritte in den Sandalen, Tochter Nadibs (*oder*: edle Tochter); die Biegungen deiner Hüfte muten wie Halsgeschmeide aus der Hand eines Meisters. (3) Dein Schoß (Nabel) ist eine runde Schale, nicht fehlt es am Mischwein, dein Leib ist ein Getreidehügel, besäumt von Lilien. (4) Deine zwei Brüste sind wie zwei Rehlein, wie Zwillinge von Gazellen, (5) dein Hals wie ein Elfenbeinturm, deine Augen Teiche aus Cheschbon, am Tor von Bat-Rabbim. Deine Nase ist wie ein Turm des Libanon, der nach Damaskus späht. (6) Dein Haupt über Dir ist wie der Karmel und das Haar deines Hauptes wie Purpur, ein König gefangen in Locken. (7) Wie bist du schön, wie bist du anmutend, du Schatz[26] an Freude.

(8) Dieser dein Wuchs gleicht einer Dattelpalme und deine Brüste den Weinbeertrauben. (9) Ich dachte, hinaufsteigen will ich auf die Palme, mich festhalten an den Dattelrispen. Und es sollen doch deine Brüste wie Trauben am Weinstock sein, und der Duft deiner Nase wie der von Äpfeln. (10) Und dein Gaumen wie guter Wein, der auf geradem Wege dem Geliebten eingeht, berührend Lippen von Träumenden.

Die Liebende an den Geliebten

(11) Ich gehöre dem Geliebten und nach mir steht sein Verlangen.

(12) Komm, Geliebter, lass uns hinaus gehen aufs Feld und nächtigen unter Cypersträuchern, (13) früh aufstehen für die Weinberge, sehen, ob aufgeblüht ist der Weinstock, sich geöffnet hat die Blüte, ob keimen die Granatäpfel. Dort gebe ich dir meine Liebe.

---

[24] Schreibweise nach den Loccumer Richtlinien. Der Name könnte an „Salomo" ausgerichtet sein, oder an *Shalom* = „Frieden".

[25] Ein offensichtlich verdorbener Vers, der nicht mehr ganz rekonstruierbar ist.

[26] Wörtlich: Liebe. Hier der Versuch es als familiären Kosenamen wiederzugeben (in Analogie zum italienischen „amore", das ganz so verwendet wird). Eine Hörerin meiner Vorlesung schlug „Liebling" vor, um auch im Klang den Wortzusammenhang zu erhalten.

(14) Die Allraunäpfel geben Duft, und über unseren Türen sind alle Früchte, neue wie alte, mein Geliebter, für dich habe ich sie aufgespart.

(8,1) Wer könnte dich als einen Bruder von mir ausgeben, der sich an den Brüsten meiner Mutter nährte? Hätte ich dich draußen gefunden und küsste dich, so nähme mir niemand daran Anstoß. (2) Ich lenkte, führte dich zum Haus meiner Mutter, du solltest mich unterrichten,[27] dann tränkte ich dich mit Würzwein, mit Granatapfelmost.

(8,3) Seine Linke unter meinem Haupt, während seine Rechte mich umfangen hält. (4) Ich beschwöre euch, Töchter Jerusalems, was wolltet ihr wecken, was wolltet ihr erregen die Liebe, bevor es ihr gefällt? (5) Wer ist diese, die aufsteigt aus der Wüste, sich stützend auf ihren Geliebten. Unter dem Apfelbaum habe ich dich geweckt, dort hat dich empfangen deine Mutter, dort empfing sie, um dich zu gebären. (6) Setze mich wie ein Siegel auf dein Herz, wie ein Siegel auf deinen Arm, wahrlich: stark wie der Tod ist die Liebe, unerbittlich wie die Unterwelt an Glut. Ihre Flammen (*andere*: Pfeile) sind Flammen von Feuer, sind Herrenblitz[28]. (7) Viele Wasser vermögen nicht auszulöschen die Liebe, und Flüsse überströmen sie nicht. Gäbe ein Mensch den Reichtum seines ganzen Hauses für die Liebe, mit Verachtung strafen, bestrafen müsste man ihn.

(8,8) Wir haben eine kleine Schwester, sie hat noch keine Brüste, was werden wir mit unserer Schwester tun am Tag, da von ihr gesprochen wird? (9) Wenn sie eine Mauer wäre, bauten wir auf ihr eine silberne Zinne, und wenn sie ein Torflügel wäre, verschlössen wir sie mit einem Zedernbrett, (10) ich, ich bin eine Mauer und meine

---

[27] Hier ist das Subjekt unsicher. Es könnte auch heißen: „sie [die Mutter] würde mich unterrichten ...".

[28] Die Übersetzung mit „Blitz" geht auf Wilhelm Rudolph zurück: vgl. Hans-Josef Heinevetter, Das Hohelied als programmatische Komposition, 193 Anm. 28, dem ich die Kenntnis davon verdanke. Er meint, wenn Rudolph die Flammen an der Stelle „als ‚Blitz' deutet, ist damit entgegen seiner Absicht das Wort keineswegs ‚entgöttlicht'. Wenn der Blitz für den Hebräer die ‚Flamme Jahwes' war, so verrät sich darin doch gerade ein numinoseres Naturverständnis als es unser naturwissenschaftliches darstellt." Beim Versuch die versteckte Anspielung auf den Gottesnamen nachzuahmen, verfiel ich dann auf „Herrenblitz". Ähnlich übersetzt jedoch schon H. Ewald, Das Hohelied Salomo's, 140, mit „Gottesflamme".

Brüste wie die Türme, so wurde ich in seinen Augen wie eine Finderin des Friedens.[29]

Abschied

(11) Einen Weinberg hatte Salomo in Baal-Hamon, er gab den Weinberg den Wächtern, jeder brachte für seine Frucht tausend Silberstücke. (12) Der Weinberg, der mir gehört, steht mir vor Augen, die tausend gehören dir, Salomo, und zweihundert den Wächtern seiner Frucht. (13) „Du, die du in den Gärten wohnst, Gefährten haben auf deine Stimme acht, lass auch mich sie hören.“ (14) Fliehe, Geliebter, gleiche der Gazelle, oder dem Jungen der Hirsche auf den Bergen von Balsam.

[29] Oder, bei Zugrundelegung einer anderen Verbwurzel mit anderer Vokalisierung: „wie Ausgang von Frieden“. Der Anklang von *Shalom* an die Personennamen des Gedichtes Salomo (Schelomo) und Schulammit könnte das eigentliche Thema des Gedichtes hiermit bezeichnen, das hier auf dem letzten Höhepunkt beim Namen genannt wird, und vielleicht ursprünglich, wenn man die weiteren Verse als Nachtrag ansieht, die Dichtung an dieser Stelle auch abgeschlossen haben könnte.

2. Das Hohe Lied – eine politische Allegorie? Exegetische Betrachtungen

Nach einem ersten Spaziergang sammeln sich die empfangenen Eindrücke und beginnen sich langsam zu ordnen. Manches ist hängen geblieben, Anderes möchte man noch einmal nachlesen. Vielfältige Bilder haben sich abgewechselt, einige sind durch mehrmalige Wiederholung aufgefallen. Viele Wendungen erinnern an andere bekannte Bibelstellen und bekommen doch durch den neuen Zusammenhang einen besonderen Sinn. Das Hohe Lied greift tief in den Wortschatz der Hebräischen Bibel hinein und zugleich weit über ihn hinaus. Hier und da glaubte man einen Erzählfetzen zu erhaschen und vermisst dann doch die Fortsetzung nicht weniger wie eine erklärende Vorgeschichte. Bilder wurden aufgeschnappt, die einen erst unmittelbar ansprechen und dennoch am Ende ratlos lassen.

Die wissenschaftliche Erforschung des Hohen Liedes[30] in der Hebräischen Bibel hat es im Wesentlichen mit folgenden Grundfragen zu tun: Wie wörtlich, übertragen oder allegorisch sind die erotischen Aussagen des Buches zu verstehen? Stellt das Buch eine zusammenhängende Komposition dar, oder eine lose Sammlung von Hochzeitsliedern? Geht es beim König Salomo um den historischen Salomo oder eher um eine Chiffre für spätere Personen und Ereignisse aus der Zeit des Autors? Ist König Salomo mit dem Geliebten der Dichtung identisch oder stellt er nur eine Randfigur oder gar Gegenfigur dar?

Diese Fragenkomplexe sind untereinander noch einmal vielfach verknüpft. Wer eine allegorische Deutung bevorzugt, wird kaum noch an eine lose Sammlung denken wollen. Wer dagegen eine solche Sammlung vorzieht, für den verliert die Frage nach einer durchgängigen Rolle Salomos an Brisanz. Wiederum anders verhält es sich, wenn man zwar eine allegorische Deutung ablehnt, aber dennoch an einem planvollen Aufbau des Ganzen festhält. Goethe hat in seinem westöstlichen Divan die mit dem Hohen Lied

---

[30] Ich entscheide mich dafür, den Titel der Dichtung auseinanderzuschreiben, um ihn ungestraft korrekt deklinieren zu können.

verknüpften Themen und Inhalte mit der ihm eigenen Überblicksgabe fast vollständig beim Namen benannt: „Wir verweilen sodann einen Augenblick bei dem hohen Lied, als dem Zartesten und Unnachahmlichsten, was uns von Ausdruck leidenschaftlicher, anmuthiger Liebe zugekommen. Wir beklagen freilich, daß uns die fragmentarisch durch einander geworfenen, über einander geschobenen Gedichte keinen vollen, reinen Genuß gewähren, und doch sind wir entzückt, uns in jene Zustände hinein zu ahnen, in welchen die Dichtenden gelebt. Durch und durch wehet eine milde Luft des lieblichsten Bezirks von Kanaan; ländlich trauliche Verhältnisse, Wein-, Garten- und Gewürzbau, etwas von städtischer Beschränkung, sodann aber ein königlicher Hof, mit seinen Herrlichkeiten im Hintergrunde. Das Hauptthema jedoch bleibt glühende Neigung jugendlicher Herzen, die sich suchen, finden, abstoßen, anziehen, unter mancherlei höchst einfachen Zuständen.“[31]

Goethes Blick zeichnet sich dadurch aus, dass er seine Aufmerksamkeit nicht nur auf die sprechenden Personen lenkt, sondern auch auf diese allgemeinen „Zustände“ ausweitet. Dass diese in der Tat alles andere als gleichgültig sind, wird sich noch zeigen. Vorweg lässt sich jedoch die Vermutung wagen, dass es neben den Schönheiten dieser Dichtung gerade auch ihr fragmentarischer Charakter ist, der Dichter und Schriftsteller aller Zeiten angeregt hat und immer wieder dazu anregt, diese Dichtung fortzuspinnen wie ein Werk, das, im Schoß der Bibel begonnen, erst außerhalb davon seine Fortsetzung, seinen Abschluss finden kann.

Dass sich trotz des Erscheinungsbildes einer Sammlung selbständiger kleiner Lieder der Eindruck einer zusammenhängenden Komposition unweigerlich aufdrängt, liegt nicht zuletzt an den vielfältigen Wiederholungen, die sich durch die Dichtung hindurchziehen. Dabei kann es sich um die wörtliche

[31] Johann Wolfgang v. Goethe: Noten und Abhandlungen zu besserem Verständniß des West-östlichen Divans, SW I, 545.

refrainartige Wiederholung eines ganzen Verses oder einer ganzen Strophe handeln, es kann sich aber auch auf das zwei- oder mehrmalige Aufgreifen eines Motivs, eines Stichworts, einer ganzen Szenenfolge beziehen. Auch Fälle, dass ein Gedanke bewusst variiert, zur Grundlage eines Wortspiels gemacht wird, kommen vor.

So haben wir es beim Hohen Lied mit einem äußeren Rahmen zu tun, der durch das Stichwort „Wein" gegeben ist, wenn zu Beginn in Hld 1,2.4 die berauschende Wirkung der Liebe mit derjenigen des Weines verglichen wird, und ganz am Schluss, in Hld 8,11-12, die Rede noch einmal auf den Weinberg Salomos zu sprechen kommt. Soll mit dem Wein der Liebe zu Beginn und dem Weinberg des Hofstaates am Schluss ein inneres Spannungsverhältnis bewusst angedeutet werden? Wein und Weinberg kommen daneben auch in unterschiedlichen Zusammenhängen in der Mitte der Dichtung vor.

Dieser äußerste Rahmen wird noch zusätzlich durch einen andern Rahmen flankiert, der in der Erwähnung der Verwandtschaftsverhältnisse und den damit mitgegebenen gesellschaftlichen Spannungen besteht: Den „Söhnen meiner Mutter", in Hld 1,6 steht „eine kleine Schwester" in Hld 8,8 (vgl. das Schwesternpaar Ohola und Oholiba in Ez 23,4, wo es die beiden israelitischen Königreiche und ihre Hauptstädte symbolisiert) gegenüber. Ein weiterer innerer Rahmen ergibt sich mit der Erwähnung des Apfelbaums. Zusammengesehen mit der Nennung der liebkosenden Linken des Geliebten besteht sogar zwischen 2,3-7 und 8,3-5 ein chiastisches Umkehrungsverhältnis: 2,3-7: Apfelbaum – Linke / Beschwörung; 8,3-5: Linke / Beschwörung – Apfelbaum; in abgewandelter Form (mit Beschwörung ohne Warnung) in auch in 5,8.

Mit einem refrainartigen Wiederholungsstück haben wir es bei dem „Warnruf", wie ich ihn nennen möchte, zu tun, der vor einem vorzeitigen Aufwecken der

Liebe warnt oder zu warnen scheint. Zum ersten Mal wird er in 2,7 beschworen (dann 3,5; zuletzt 8,4). Vom Zusammenhang her steht dieser Ruf in Beziehung zu den nächtlichen Suchszenen im Innern des Werkes, sowie mit der Erwähnung des Apfelbaums an seinen Außenrändern. Die Meinungen gehen jedoch auseinander, ob es sich um eine Warnung davor handelt, Gefühle und Empfindungen der Liebe in einem Menschen vorzeitig zu wecken oder darum, die Liebe nicht voreilig aus ihrem eigenen Traum herauszureißen und in die rauhe Wirklichkeit hineinzustoßen. Vielleicht geht es auch, bei dem beliebten Spiel der hebräischen Sprache mit Mehrdeutigkeiten, um beides. Die in der letzten Zeit an die Öffentlichkeit gelangten Missbrauchsfälle, bei denen neben dem Tatbestand vor allem auch die dabei angewandten Strategien zur Sprache kamen, haben noch einmal schmerzlich zu Bewusstsein gebracht, wie sehr es gerade auch in der „Liebe" ein „Zu-Früh" geben könne. Auch frägt man sich, welchen Gefallen die Liebe je von sich aus daran haben könnte, aus ihrem Traum zu erwachen.[32] Das könnte allenfalls auf das Eintreten in einen höheren Reifezustand zutreffen. In beiden Fällen bleibt es bei der Anspielung auf Gefahren und Störungen, die die Liebe von außen an ihrer Entfaltung hindern, sei es durch erzwungenen Beginn oder störendes Eingreifen. Vielleicht liegt diesem Kehrvers der Unterschied zwischen verschiedenen Zuständen von Gefühlen zugrunde, je nachdem, ob sie als unbewusste Möglichkeit tief im Innern verborgen schlummern, oder an die Oberfläche des Bewusstseins klopfend nach außen drängen. Immer im Zusammenhang mit diesem Warnruf tritt die Anrede „Töchter Jerusalems" auf. Darüberhinaus begegnet diese auch in Hld 1,5; 5,8.16. In 3,10-11 kommt sie nicht als Anrede vor, sondern innerhalb einer

---

[32] Eine weitere Deutungsmöglichkeit wäre, der Stelle einen rein rhetorischen Aussagegehalt zu unterlegen in dem Sinn: „Stört die Liebe ums Himmels willen nie!" – (denn der Fall, dass sie von sich aus daran Gefallen hätte, kann ja nie eintreten).

Erzählung in der 3. Person. In 6,9 ist nur von „Töchtern" die Rede, wobei derselbe Personenkreis gemeint sein muss.[33]

Unterschiedlich variiert wird die Beschwörung der gegenseitigen Zugehörigkeit. Zum ersten Mal erscheint sie in 2,16 (wo sie mit der Zugehörigkeit der Frau zum Geliebten endet), dann in chiastischer Umkehrung der Reihenfolge in 6,3 (also mit Betonung der Zugehörigkeit des Geliebten zur Frau); zuletzt in neuer Variante in 7,11 (aktives „Verlangen" des Geliebten als Höhepunkt; klare Umkehrung vom „Verlangen" der Frau nach dem Mann in Gen 3,16, das dort ihr mitverschuldetes Abhängigkeitsverhältnis begründet). Es könnte damit der Eindruck einer kontinuierlichen Steigerung entstehen, die die Sehnsucht der Frau immer mehr in den Geliebten übergehen lässt, bis die aktive Initiative ganz von ihm ausgeht. Als vierte Variante lässt sich sogar noch 1,15-16 dazuzählen mit seinem beiderseitigen Lob „Du bist schön ...", von dem dann alle weitere Entwicklung ihren Anfang genommen haben könnte.

Obwohl die allegorische Deutung lange für erledigt galt, scheint die Diskussion darüber von neuem aufgeflammt.[34] Bei näherem Hinsehen ist jedoch nicht zu verkennen, dass diesen Diskussionen oft ein sehr ungenauer Begriff des Allegorischen zugrunde liegt. Vielen gelten „allegorisch" und „religiös" als nahezu austauschbare Begriffe. Nach der klassischen Unterscheidung jedoch wäre das Hohe Lied nur dann allegorisch zu verstehen, wenn die erotischen Passagen darin ausschließlich die *allgemeine* Beziehung zwischen Gott (bzw. Christus) und dem Gläubigen darstellen wollten, bar jeden Charakters *individuell-historischer* Einmaligkeit. Dagegen wäre derselbe Text, wenn er eine individuelle Liebesbeziehung gleichzeitig in

---

[33] Heinrich Graetz: Schir ha-schirim, 26, schlussfolgert daher: „Das ganze Lied ist also an die Töchter Jerusalems gerichtet." Die besondere Aufmerksamkeit für das weibliche Gefolge der Geliebten in der Dichtung gilt Vielen als das Hauptargument dafür, die weibliche Perspektive als vorherrschend zu betrachten und infolgedessen von einer Frau als möglichen Verfasserin des Gesamtwerks auszugehen. Auf der anderen Seite erden diese „Töchter" die Dichtung gegenüber jeder allegorischen Auslegung. Für was oder wen sollten sie in einer solchen denn stehen?

[34] Nachzulesen bei Ludger Schwienhorst-Schönberger, Das Hohelied als Allegorie, in: Ders. (Hg.), Das Hohelied im Konflikt, 11-56.

ihrer Beispielhaftigkeit für ein allgemeineres Verhältnis begreift, eher als „symbolisch“ aufzufassen.[35] So ist auch die Aufnahme von Ausdrücken des Hohen Liedes im Joh-Ev bei der Begegnung von Maria Magdalena und dem auferstandenen Jesus nicht zwingend als allegorisch zu betrachten (vgl. Joh 20,1-18). Denn unmittelbar unterstreichen auch sie nur die besonders enge Beziehung zwischen den zwei Personen. Allegorisch würde die Stelle erst, wollte man darin ein Bild sehen für die Beziehung *jedes* Gläubigen zu Jesus. Doch ist dies der Sinn bei Joh? Das Verhalten der Maria Magdalena im Joh ist das beispielhafte Verhalten einer Person, die zu Lebzeiten eine besonders enge Beziehung zu Jesus gehabt haben muss, und dadurch für diejenigen, die „nicht sehen und doch glauben,“ die persönliche Identität zwischen dem irdischen und dem auferstandenen Jesus besonders gut und glaubwürdig bezeugen konnte. Das lässt sich dann schwerlich in eine kollektive Allegorie auflösen, allenfalls im Sinne einer subjektiv-spirituellen Aktualisierung.

Manche fassen den Begriff der Allegorie tatsächlich sehr weit und wollen ihn auf jede nur irgendwie aktualisierende Deutung ausdehnen. Nur in diesem Sinne kann auch hier von politischer Allegorie die Rede sein. Wissenschaftlich genauer wäre eigentlich die Bezeichnung „Pseudoepigraphie“, wie sie etwa auf das Danielbuch mit seinen vielfach versteckten zeitgenössischen Anspielungen angewendet wird.

Eine erste wissenschaftliche Analyse des Hohen Liedes ist mit dem Namen Ewalds verbunden.[36] Heinevetter glaubt sich fast dafür entschuldigen zu

[35] Nach Schelling: Philosophie der Kunst, SW I/5,549, hat die Kunst zwei Möglichkeiten: „Entweder daß sie das Allgemeine durch das Besondere bedeuten läßt, oder daß dieses, indem es jenes bedeutet, zugleich es selbst ist. Die erste Art der Darstellung ist die allegorische, die andere die symbolische [...]“. Allerdings weiß auch er, dass es einen weiteren Begriff des Allegorischen gibt: „Die Allegorie kann überhaupt einer allgemeinen Sprache verglichen werden, die nicht, wie die besonderen Sprachen, auf willkürlichen, sondern auf natürlichen und objektiv gültigen Zeichen beruht. [...] Der strenge Begriff der Allegorie aber [...] ist, daß das, was dargestellt wird, etwas anderes als sich selbst bedeute [...].“ Vgl. auch G. Barbiero: Das Hohelied als einheitliches Gedicht, in: Schwienberger: Konflikt, 57-88, hier 64: „Die Symbolik öffnet das Gedicht auf die Transzendenz hin, in ganz anderer Weise als die Allegorie [...]“.

[36] Ewald, Georg Heinrich August: Das Hohelied Salomo's. Übersetzt mit Einleitung, Anmerkungen und einem Anhang über den Prediger, Göttingen 1826.

müssen, dessen frühen Kommentar mitberücksichtigt zu haben.[37] Doch Ewald war immerhin der Lehrer des berühmten Wellhausen, des Urhebers der klassischen Theorie über die Quellen des Pentateuch. Außerdem gehörte er dem Kreis der Göttinger Sieben an und wird als solcher auch im Grimm-Buch von Günter Grass kurz erwähnt, leider ohne ein weitergehendes Interesse an diesem Theologen unter den damaligen Widerständlern zu entwickeln.[38] Dabei war gerade er es, der seinen politischen Überzeugungen kompromisslos treu bleiben sollte. Hat er sich seinerzeit mit seinen Überzeugungen auch ein wenig ins Abseits gestellt, so könnten sie ihn heute fast wieder sympathisch machen.[39] Unzweifelhaft scheint jedoch, dass diese vorallem auch seine Interpretation des Hohen Liedes stark beeinflusst haben. Auf Ewald geht die klassische Formulierung der sog. *Hirtenhypothese* zurück, die im König Salomo sowie in dem Geliebten, insofern er als Hirte beschrieben wird, zwei unterschiedliche Personen in einem gewissen Konkurrenzverhältnis zueinander sieht.[40] Der Vergleich fällt zuletzt zuungunsten des Königs aus, der, als Gegenstand einer satirischen Parodie aufgefasst, zur Negativfolie wird, um die Liebesbeziehung zwischen

---

[37] Heinevetter: Das Hohelied als Komposition, 30 Anm. 56: „Man liest solch alte Kommentare (man führe sich vor Augen: zu Lebzeiten von Goethe und Beethoven verfaßt!) mit größtem Gewinn, wenn man nicht mit dem selbstüberschätzenden Urteil herangeht, es handle sich um Exegese In Kinderschuhen."

[38] Ein allen Liebhabern der deutschen Sprache wärmstens zu empfehlendes Werk, wie es sich selbst auch als Liebeserklärung versteht: Günter Grass: Grimms Wörter. Eine Liebeserklärung, Göttingen 2010. Auf S. 15 heißt es darin: „Diese Anmaßung rief nicht nur die Brüder Grimm, sondern zugleich fünf weitere Professoren, die man fortan in ganz Deutschland, so uneins das Vaterland war, die ‚Göttinger Sieben' nannte, zur Protestation auf. Weil des Fürsten Zumutung ihr Gewissen wachrief, ergrimmten sie allesamt wie angestoßen vom Namen der Brüder, denn das althochdeutsche grimme ist im Nibelungenlied schon dem Zorn zugeordnet, ‚des wart ich grimme genuoc', was nicht nur die beiden Sprachgelehrten, sondern auch die Professoren Dahlmann, Albrecht, Ewald, Weber und der Literaturhistoriker Gervinus wußten; denn grimmig sind wir und grimmen, ergrimmen."

[39] R. Smend: Alttestamentler, 103: „Es entsprach Ewalds Temperament, daß er dem Lieblingsschüler politisch keine Freiheit ließ: als Wellhausen sich weigerte, Bismarck für einen Schurken zu erklären, wies er ihm die Tür." „'Mit der Welt im Streit und mit Gott in Frieden' ist er gestorben", wie Smend, das. 102, mit einem Wort Wellhausens [Grundrisse zum Alten Testament (1965) 137] feststellt.

[40] Vgl. dazu Heinevetter: Das Hohelied als Komposition, 29: „Das Problem, das postulierte Drama inhaltlich zu füllen ist bei der sog. ‚Hirtenhypothese' einleuchtender [als bei der Königshypothese, A.R.] gelöst, weil hier ein wirklicher Konflikt dargestellt wird, der erst am Ende aufgelöst wird. Diese, im 17. Jhr. erstmals erwogene Deutung, sieht in Sulamit ein Mädchen vom Lande, das einen Hirten liebt, aber an den Königshof gebracht wird, um Salomos Frau zu werden."

Schulammit und ihrem Hirtenknaben dadurch nur um so mehr ins rechte Licht zu rücken.[41]

Unbeholfen erscheint Ewald noch in der zeitlichen Einordnung. Er kommt sich schon mutig vor, wenn er das Gedicht nicht mehr zur Zeit des Königs Salomo, sondern im Nordreich nach der Reichsteilung, entstehen lässt. Äußerlich veranlasst wird seine Entscheidung durch die Erwähnung der im Nordreich gelegenen Stadt Tirza, die vor der Reichsteilung noch nicht erwähnt wird. Der indirekte Spott gegen Salomo spiegele zugleich das Selbstbewusstsein des Nordreichs gegenüber dem Südreich wider, das sich nach wie vor auf die Weiterführung der davidisch-salomonischen Dynastie etwas zugutehielt. Die sprachlichen Eigenheiten des Liedes glaubt Ewald demgegenüber noch aus einem sonst unbekannten sprachlichen Dialekt des Nordreichs und dessen größere Beeinflussung durch andere Sprachen ableiten zu können.[42]

Es hat nicht lange gedauert, etwa ein halbes Jahrhundert, bis der jüdische Gelehrte Heinrich Graetz das Hohe Lied als ein sehr spätes Buch der Hebräischen Bibel erkannte. Dafür beruft er sich vor allem auf die sprachlichen Besonderheiten, die neben Verwendung von griechischen und persischen Lehnwörtern auch in einer abweichenden Form der

---

[41] So meint H. Ewald: Das Hohelied Salomo's, 142, zum Höhepunkt der Dichtung in Kap. 8: „[...] alle Worte Sulamits zeigen eine durch Freude und das Bewußtseyn eines mit Recht erlangten Sieges gehobene, begeisterte Stimmung. Damit hat auch das Stück seine Vollendung erreicht: Sieg der Unschuld, Verachtung und Spott dem Könige, der seine Wünsche unerfüllt sieht." Elisabeth Birnbaum: „Just call me Salomo?": Hld 3,6-11 und 8,11-12 als Fallbeispiele der Hoheliedinterpretation, in: L. Schwienhorst-Schönberger (Hg.), Das Hohelied im Konflikt, Frankfurt 2017, 233-264, hier 262, ist neuerdings mit einer Reihe sehr scharfsichtiger Beobachtungen zu einem ähnlichen Ergebnis gelangt: „Die Deutung, dass die Frau des Hoheliedes Salomo nicht liebt, ist also vom Text her plausibel, ermöglicht eine durchgängigere Interpretation des Hoheliedes als andere Lesarten, entspricht den sonstigen im Text ausgedrückten Sichtweisen der Frau des Hoheliedes und vermittelt sowohl bei allegorischer als auch bei nicht allegorischer Lektüre eine wohltuende Botschaft von Liebe."

[42] H. Ewald: Das Hohelied Salomo's; 14: „Alles spricht dafür, daß der Dichter im nördlichen Reich Israel lebte, so lange dieses bestand. Hier waren andere Könige; hier wurde das salomonische Haus nicht geachtet, obgleich Salomo's Glanz später unerreicht blieb. Hier konnte ein Dichter ungestört vor den Augen des Volks und Hofs Salomo in Gegensatz gegen die siegende Unschuld stellen. [...] Vorzüglich nennt er 6,4. Tirza als die schönste Stadt, noch vor Jerusalem, und gibt dadurch die deutlichste Spur seiner Heimath. Tirza war die Residenz der ersten israelitischen Könige (1. Reg. 14,17. 15,21), also von den Bürgern des nördlichen Reichs gleich Jerusalem oder noch höher geachtet. Aber nur bis Omri (918 v. Chr.) blieb Tirza in seiner Blüthe und Sitz der Könige: und dadurch ist zugleich der deutlichste Wink gegeben, daß das Lied etwa um 920 v. Chr. verfaßt ist."

Relativsatzbildung besteht.[43] König Salomo, dessen Bedeutung im Gedicht von Graetz ähnlich wie von Ewald beurteilt wird, gerät ihm zu einer Chiffer und erhält nun vor allem pseudoepigraphische Züge. Als solche steht er jetzt in Wirklichkeit für die zeitgenössischen hellenistischen Herrscher, die mit parodistischen Zügen gezeichnet werden. Angesichts des ausgewogenen Verhältnisses von Anpassung und Absetzung, die das Werk gegenüber der hellenistischen Kultur beobachte, erscheint dann eine zeitliche Ansetzung um die Blütezeit der ptolemäischen Herrschaft über Israel, also Ende des dritten Jahrhunderts v. Chr., als die angemessenste. Im 20. Jahrh. hat Heinevetter auf diese Einordnung und die sich daraus ergebenden Parallelen zur hellenistischen Kultur wieder zurückgegriffen. Er versuchte nur insofern noch stärker zu differenzieren, als er vorallem den Redaktor, der die Gedichtsammlung zu einem einheitlichen Werk verarbeitete, in das hellenistische Zeitalter hineinholte, während er die Möglichkeit offenließ, dass einzelne aufgenommene Gedichte, traditionsgeschichtlich betrachtet, auch aus einer früheren Zeit stammen konnten. Für die Deutung der einzelnen Texte hat er jedoch keinen besonderen Gebrauch davon gemacht, da er den entscheidenden und prägenden Hauptanteil des gesamten Gedichtes immer noch dem Redaktor zuwies. Dennoch wird damit deutlich, wie auch nach dieser wissenschaftlichen Erschließung des Buches noch immer eine ganze Fülle unterschiedlicher Zugänge möglich bleibt, je nachdem, welchen Schwerpunkt man setzt. Jericke konnte durch eine Untersuchung der toponymischen Ortsbezeichnungen neu bestätigen, wie auch diese in ihrer Gesamtheit auf das dritte Jahrh. v.Chr. und die Zeit der ptolemäischen Oberherrschaft hinwiesen.[44] Interessanterweise bekunden bereits diese

---

[43] Graetz, Schir Ha-Schirim, 43, spricht neben „Aramaismen" auch geradezu von „Neuhebraismen". Der sprachlichen Analyse widmen sich insgesamt die S. 43-67.

[44] Jericke: Toponyme, 53: „Sowohl die konkrete historisch-topographische Bedeutung als auch die literarisch-ästhetische Sinnebene der Ortsangaben verweisen somit darauf, dass das Hohelied ein literarisches Produkt des 3. Jh.s v.Chr., der Epoche ptolemäischer Herrschaft in Palästina, ist. Der Anhauch von Exotik und Luxus, der die Ortsangaben des Hohenlieds umgibt, und der historisch-topographische Erfahrungshintergrund, der den Toponymen zu entnehmen ist, spiegeln je auf ihre Weise das Lebensgefühl der am wirtschaftlichen Aufschwung der Ptolemäer partizipierenden

beiden wichtigsten Deutungsversuche des Hohen Liedes im neunzehnten Jahrhundert (von Ewald und Graetz) ein vorwiegend *politisches* Interesse, das die erotischen Seiten fast dahinter zurücktreten lässt. Ewalds Interesse gilt vor allem der Königskritik, die er in diesem Werk vermutet. Bei Graetz kommt noch das Freiheitsverlangen einer unterdrückten Minderheit und ihrer Religion hinzu. Die Gratwanderung zwischen Emanzipation, Anpassung und Selbstbehauptung, welche die Juden im neunzehnten Jahrhundert zu durchschreiten hatten, schien hier bereits vorgebildet. Das Hohe Lied wird ihm damit zum Beispiel eines literarischen Widerstandes gegen ein fragwürdiges Regime und eine oberflächliche Gesellschaft.[45]

Diesem politischen Aspekt konnte Heinevetter noch einige verwandte hinzugewinnen. Der Gegensatz von Tod und Leben, wie er in 8,6 auf den Höhepunkt getrieben wird, ziehe sich in unterschiedlichen Metaphern durch das ganze Werk hindurch, spiegele sich aber auch in einigen untergeordneten Gegensätzen wider. Dazu gehöre vorallem der Gegensatz zwischen der Stadtkultur und dem Landleben. Hierin drücke sich gerade die Sehnsucht des Städters nach einer Rückkehr zur Natur aus, der er sich zu sehr entfremdet fühlt. Hier biete sich dieses Buch zu aktualisierenden Bezügen auf unsere heutige Umweltproblematik an. Diese dürften mit der immer deutlicher sich abzeichnenden Klimaveränderung nicht weniger geworden sein. Folgende Gegensatzpaare stellt Heinevetter aus dem verwendeten Vokabular zusammen: Garten – Wüste, Weinberg – Gebirge, Gazellen/Hirsche – Löwen/Panther, Feld – Stadt, Hirten – Wächter, Lotus (Lilien) – Disteln, Apfelbaum – Waldbäume.[46] Sicherlich könnte im

---

Jerusalemer Oberschicht." Ob sie nicht doch gleichzeitig auch eine indirekte Kritik daran erkennen lassen, wäre noch einmal eine andere Frage.

[45] H. Graetz: Schir ha-schirim, 28, drückt es so aus: „Es wird gegenwärtig von vielen Exegeten zugegeben, dass das H.L. eine *belehrende* oder *ermahnende* oder auch *polemische Tendenz* hat. Jene naive Auffassungsweise, dass es blosses Hochzeitslied ohne weitere Beziehung, ein spielendes Epithalamion sei, welche Lowth zuerst geltend gemacht hat, kann als überwunden gelten. Diejenigen, welche die darin über die Liebe hinausweisende Bedeutung verkennen, verkennen das Grundwesen des Kunstwerkes." Man kann also eine hinausweisende Bedeutung anerkennen, ohne darum gleich zur Allegorie im engeren Sinne greifen zu müssen.

[46] Siehe Heinevetter: Das Hohelied als Komposition, 195.

weitergefassten Sinne noch manches ergänzt werden: z.B. Suchen – Finden: 3,1-4; Begegnung – Trennung: 2,8-17; Reichtum – Armut: 8,7; sechzig Helden Salomos: 3,7 – Frieden: 8,10; 60 Königinnen, achtzig Nebenfrauen: Hld 6,8 – die einzige „Taube": Hld 6,9.

Unter den vielen Gegensätzen wäre auch noch die unterschiedliche Beschreibung der Liebenden zu erwähnen (schwarz von der Geliebten – 1,5; hellrot vom Liebhaber – 5,10). Könnte der Hinweis auf das schwarze Aussehen[47] der Frau und das rötliche Strahlen des Mannes (Anspielung auf Davids Erscheinungsbild in 1Sam 16,12) zugleich die versteckte Andeutung einer Mischbeziehung sein, d.h. einer Beziehung zwischen einer nichtjüdischen Frau zu einem jüdischen Mann? Hätten wir neben dem Buch Ruth damit ein weiteres Bespiel, wie eine allzu strenge und engherzige Mischehenpolitik literarisch herausgefordert wurde? Die „politische" Tragweite wäre unabsehbar.

Die Annahme einer Frau als Autorin muss dazu nicht im Widerspruch stehen.[48] Die fremdländische Herkunft der Geliebten des Hohen Liedes könnte auch die poetische Fiktion einer ansonsten jüdischen Autorin sein.

---

[47] G. Begrich: Das Hohelied Salomos, 46, legt in seiner Erläuterung großen Wert darauf, dass das Schwarzsein sich auf die angeborene Hautfarbe beziehen muss: „Diese Frau ist nicht von der Sonne verbrannt: Sie ist schwarz." Leider bleiben seine Betrachtungen in der Luft hängen, weil er nicht über die notwendigen Konsequenzen bezüglich der Herkunft der Geliebten des Hohen Liedes nachdenkt. Diese Lücke füllt jedoch Jericke aus. Er lässt sich von dem Vergleich mit der Farbe an den Zelten Kedars zu folgender Schlussfolgerung hinleiten: „Die geliebte Frau vergleicht ihre dunkle Hautfarbe mit den Zelten Kedars (Cant 1,5) und gibt damit einen indirekten Hinweis auf ihre arabische Herkunft. Kedar bezeichnet das Gebiet eines Stämmeverbandes, der erstmals im 8./7. Jh. v.Chr. in Nordwest-Arabien bezeugt ist. [...] In persischer Zeit (5./.4. Jh. v.Chr.) sind Kedar-Stämme am gesamten Westrand der syrisch-arabischen Wüste zu finden." (D. Jericke: Toponyme im Hohenlied, ZDPV 121/1, 39-58, hier 42). Jericke zieht ebenda, 52, noch weitere Schlüsse: „Wenn die geliebte Frau sich ihrer Herkunft aus Kedar rühmt, heißt das nicht zuletzt, daß eine Verbindung mit ihr wirtschaftliche Prosperität verspricht. Dieser Sinnzusammenhang verdichtet sich in dem Bild der geliebten Frau, die aus der Wüste heraufsteigt ‚umwölkt von Myrrhe und Weihrauch, von allen Wohlgerüchten der Händler' (Cant 3,6)." Diese Verbindung ist insofern interessant, weil andere an der letztgenannten Stelle eine allegorische Anspielung auf Jerusalem sehen wollen. Vor diesem Hintergrund bekommt die Ablehnung des Reichtums in Hld 8 noch einmal eine ganz besondere Note.

[48] Amos Oz / Fania Oz-Salzberger: Jewsandwords, 58-59, erwägen die Möglichkeit, dass der Titel unter Hinzufügung eines jod statt „Lied von/für Salomo" auch „ich singe für Salomo" geheißen haben könnte und kommen zu dem Schluss: „ By introducing one small Hebrew character to the opening line, we may have uncovered a new author. Female. Let us call her Avishag. There was an Avishag of Shunam, a pretty young woman invited to warm the elderly David's bed at nights. The unnamed beloved of the Song of Songs is the Shunamite (or Shulamith), which may refer to the historical Avishag or to an allegorical paramour. So if our emblematic Avishag indeed penned parts of the Bible's most erotic tome, she should surely count as one of the great female poets of the Bible, alongside Miriam and Deborah, and of world literature in general, alongside Sappho and Emily Dickinson."

Daneben bleibt noch immer die Möglichkeit einer Diaspora-Jüdin, die fremdländisches Aussehen und Kultur sowie Kenntnis der hebräischen Sprache auf sich vereinte. Da sie, um ein fremdartiges Aussehen besitzen zu können, fremde Anteile in der Abstammung haben musste, blieb auch dann die Idee einer Überwindung von Gegensätzen durch die Liebe noch immer stark genug.

Graetz zitiert aus Flavius Josephus die pikante Geschichte, wie ein hasmonäischer Hoherpriester als Gast beim ptolemäischen König in Alexandria sich in eine Tänzerin unsterblich verliebt. Das könnte zu Kap. 7 passen, in dem Schulammit als Tänzerin besungen wird.[49]

Folgender Versuch einer konzentrischen Gliederung des Hohen Liedes ist bewusst so grob gehalten, dass einerseits durch zusätzliche Untergliederungen verschiedene Akzentsetzungen möglich bleiben, andererseits Zusammengehöriges nicht zu sehr auseinander gerissen wird. Neutrales Gliederungsprinzip ist der Wechsel der Sprecherperspektive:

A 1,1 – 3,11 Perspektive Frau (mit Wechselgesängen)
  B 4,1 – 5,1 Lieder Mann
    C 5,2 – 6,3 Suche Frau
  B‘ 6,4 – 7,10 Lieder Mann
A‘ 7,11 – 8,14 Perspektive Frau

Wenn man auf diese Weise den Abschnitt 5,2 – 6,3 ins Zentrum rückt, der mit der schwersten Trennungserfahrung auch zugleich die leidenschaftlichste Suche beschreibt, dann erhält der theologisch bedeutsame Vers 8,6 von

[49] Das passt aber auch zu dem Warnruf, den Graetz bereits zur Tradition der Zwangsverheiratung in Beziehung setzt, vgl. z.B. ders.: Schir-ha-schirim, 88: „Die Beschwörung der Töchter Jerusalems, die Liebe nicht zu wecken, kann sich auf die in derselben Zeit eingetretene Sitte beziehen, die Töchter an Reiche und Vornehme zu verbinden, und als Joseph von der Tänzerin nicht lassen mag, behandelt sie der Vater als willenloses Geschöpf und übergiebt sie dem Bruder zur Befriedigung der Lüste. Darum beschwört Sulamit wiederholentlich die Töchter Jerusalems, sich nicht als willenlose Wesen behandeln und nicht Liebe in sich erwecken zu lassen, wo sie nicht vorhanden ist."

seinem Außenrand her noch einmal eine besondere Verankerung in der tödlich-dramatischen Herzmitte der ganzen Dichtung.

Reich angefüllt mit biblischer Symbolik sind die vielen Bezüge zur Schöpfungs- und Paradieserzählung. Der Garten mit seinen Düften, Winden und Wassern als Ort der Begegnung (etwa Hld 4,12 – 5,1) erinnert an den ersten Paradiesesgarten, der zum Lagern einladende Platz unter dem Apfelbaum (Hld 2,3; 8,5) an den Baum des Lebens darin. Die zwischenmenschliche Liebe erscheint damit als die wiedergefundene Unschuld und als der einzig zugängliche Weg zum Baum des Lebens, der es möglich macht, immer wieder der lebensfeindlichen Kultur der Stadt und ihrer Gesellschaft zu entkommen.[50] Die Beschreibungslieder (vor allem 4,1-7; 5,10-16; 6,4-9; in 7,1-7 scheint dagegen ein dynamisch bewegtes Bild vorzuliegen, bei dem die Person aus dem Rahmen heraustreten zu wollen scheint) sind angelehnt an das Erscheinungsbild von Götterstatuen, wie sie früher auch oft zum Gegenstand solcher Beschreibungslieder gemacht wurden. Damit würde die Gottebenbildlichkeit des lebendigen Menschen nicht durch abstrakte Begriffe, sondern in konkreter Versinnbildlichung zum Ausdruck kommen. Die statischen Beschreibungslieder scheinen jedoch alle irgendwie in eine anschließende dynamische Bewegung auslaufen zu wollen.

Es wird viel darüber diskutiert, warum dem ersten Paar im Paradiesgarten ausgerechnet die für uns Menschen so wichtige *Erkenntnis* verwehrt wurde und warum die Übertretung dieses Gebotes so streng bestraft wurde. Kann man denn das bloße Naschen von einem Baum eine Sünde nennen? Ist es in dem Fall, wo es sich um die Frucht vom Baum der Erkenntnis handelt, nicht vielmehr der erste notwendige Schritt zu Fortschritt und kultureller

---

[50] Wilhelm Bruners versteht den Garten im Hohen Lied auch als Metapher für den menschlichen Körper: „Ein späterer Poet (oder eine Dichterin) im Ersten Testament war von der Gartenidee so fasziniert, dass sie oder er in erotischen Liedern die Körper von Frau und Mann u.a. in drei Gartenbildern beschrieb: Der Traubengarten (Frau, Hld 1,6), der Nussgarten (Mann, Hld 6,11), der Apfelbaumgarten (Mann und Frau, Hld 8,5-7). In diesen Körpergärten entdecken Frau und Mann für Augenblicke den alten Ursprungsgarten wieder und halten im gegenseitigen Entzücken den Hunger nach dem Garten wach (vgl. das Lied der Lieder, das Hohelied)." In: Wilhelm Bruners: Zuhause in zwei Zelten. Gedichte und Reflexionen, 100.

Entwicklung? Solchen Bedenken gegenüber machte bereits Buber geltend, dass nach dem zweiten Schöpfungsbericht der erschaffene Mensch in keinster Weise erkenntnislos genannt werden könne, da er in der Lage ist, alle anderen erschaffenen Wesen bei ihrem Namen zu benennen.[51] So geht es wohl nicht um eine abstrakte, intellektuelle Erkenntnis, sondern um die Erkenntnis aus sittlicher Reife, in biblischer Sprache eben nichts anderes als die Erkenntnis von Gut und Böse. Diese Reife des ersten Menschen war noch nicht auf die Probe gestellt worden. Damit bleibt die Frage, worin denn dann die Größe der Verfehlung besteht, aber immer noch unbeantwortet. Auch in bezug auf Gott musste die Frage erlaubt sein, ob die anschließende Bestrafung angemessen ist. Nach der Erzählung ist es nicht der Ungehorsam als solcher, der das erste Menschenpaar verlockt. Die Schlange sagt schließlich nicht, seid ungehorsam, gleichgültig wie, dann seid ihr selber Gott. Der Ungehorsam wird vielmehr nur deshalb in Kauf genommen, weil das Verbotene als solches so verlockend erscheint. Warum also ist die betreffende Sache verboten und gleichzeitig so verlockend? Wenn Gott nach Aussage eines Propheten sowohl das Gute als das Böse erschaffen hat (Jes 45,7), dann kann nur gemeint sein, dass in der Schöpfung Gutes und Böses zur Einheit gebracht worden sind, aber so, dass das Böse dem Guten unterworfen und dienstbar gemacht wurde. Dadurch kann es nicht im eigentlichen Sinne böse genannt werden, aber doch eine zukünftige Grundlage für die Möglichkeit des Bösen auch im sittlichen Sinne sein.[52] Diese Möglichkeit bloß äußerlich auszuschließen wäre nicht im Sinne des Schöpfers gewesen, für den das Gute nur durch die freie Zustimmung freier Wesen auch erst wirklich gut wird.

---

[51] In Bubers höchst tiefsinnigen Schrift: Bilder von Gut und Böse, 613, heißt es: „Es ist ja auch keineswegs so, daß die ersten Menschen ‚das Wissen' überhaupt erst dem Genuß der Frucht zu verdanken hätten: nicht vor einen Unwissenden bringt Gott die Tiere, daß er ihnen die ihnen zukommenden Namen gebe, sondern vor den Träger seines Atemhauchs, das Wesen, in dem er offenbar schon in der Schöpfungsstunde die Wissensfülle der Sprache angelegt hat und das nun mit ihr zu schalten weiß."

[52] Wie Buber: Bilder, 614, es sieht: „Es ist nun aber so, daß hier der Vorgang in der Seele des Menschen zum Vorgang in der Welt wird: durch das Erkennen der Gegensätzlichkeit bricht die in der Schöpfung immer schon latent vorhandene Gegensätzlichkeit in die aktuelle Wirklichkeit aus: sie wird existent."

Könnte es sein, dass die Erkenntnis von gut und böse deshalb an das Symbol eines Baumes geknüpft wurde, weil gerade der Baum imstande ist, eine solche Einheit von Gegensätzen zu verkörpern? Die religionsgeschichtliche Ableitung, die gesonderte Kenntnisse erforderte, mag hier auf sich beruhen. Denken wir an das übliche Symbol des Stammbaums, dann haben wir die dargestellte Einheit in der Verschiedenheit der Generationen. Der Baum beeindruckt den Menschen wegen des hohen Alters einiger Baumarten. Eine Baumscheibe macht dieses Alter in den Jahresringen sichtbar. Kenner können an der Gestalt der einzelnen Ringe ablesen, ob es sich für den Baum um ein gutes oder ein schlechtes Jahr gehandelt hat. Ein Baum streckt seine Wurzeln tief ins Erdreich. Er gewinnt dadurch nicht nur selber Halt, sondern vermag auch durch die zusammenhaltende Kraft der Wurzeln seinerseits wiederum dem Boden Halt und Festigkeit zu verleihen. Mit der Tiefe verbunden streckt er seine Baumkrone dem hohen Himmel entgegen und bringt so auch Oben und Unten in Verbindung. Bilden mehrere Bäume einen Wald, entsteht ein eigenes zusammenhängendes Leben, durch das die Bäume untereinander, aber auch mit allen anderen Pflanzen und Lebewesen des Waldes zu einer engen Symbiose zusammenwachsen. Wälder bilden damit die Grenze zur menschlichen Zivilisation, mit der eine andere, nun auf freier Übereinkunft beruhende Art des Zusammenlebens beginnt. In dieser Hinsicht scheint der Baum besonders geeignet, die Schnittstelle zwischen Natur und menschlicher Zivilisation zu bezeichnen. Der Garten eignet sich dagegen als Bild der Einheit zwischen diesen beiden Welten.

Die Aufgabe der Erkenntnis könnte nun darin bestehen, die Elemente und Gegensätze, die ein solches Leben ausmachen, durch Unterscheidung im Einzelnen vorübergehend voneinander zu trennen, um sie hinterher um desto enger und bewusster wieder miteinander zu verbinden. Doch hier könnte eben die Schwierigkeit der menschlichen Erkenntnis liegen, dass sie nicht in gleicher Weise wie die göttliche die Gesamtheit des Lebens im Blick zu behalten vermag, sondern sich im Einzelnen und Einseitigen verliert. Nach Aussage eines späteren biblischen Schriftstellers ist unser menschliches Erkennen Stückwerk (1 Kor 13,12). Nachdem aber einmal der Weg der Erkenntnis beschritten ist, bleibt dem Menschen nichts anderes übrig als ihn zu Ende zu gehen, um die einzelnen Erkenntnisstückwerke in ihrer anfänglichen Einseitigkeit ergänzen und immer mehr zu einer wachsenden Ganzheit zusammenfügen zu können. Auf diesem Weg zeigt sich aber der Sündenfall als die immer wieder von neuem sich zeigende Versuchung, eine einzelne Erkenntnis für absolut zu halten und mit dem Ganzen zu verwechseln, von dem es in Wirklichkeit nur ein Stückwerk ist.[53] Das Verlockende für den Menschen besteht in der in ihm nicht zu bremsenden Neugier, zu erfahren, wie die Wirklichkeit funktioniert und was alles eigentlich dahinter steckt. Es widerspricht auf die Dauer seiner Natur, die Dinge hinzunehmen, wie sie einmal gerade sind. Daher das für ihn schlechthin unbezwingbare Bedürfnis, das Gute herauszufordern, um zu sehen, ob es wirklich imstande ist, das Böse zu besiegen und sich von Neuem dienstbar zu machen. Das hat aber zur Folge, dass in der Geschichte immer wieder das Böse zu einer scheinbar alles beherrschenden Macht wird. Da drängt es dann den modernen Menschen dazu, dem Schicksal zu trotzen. Die Erzählungen von Schöpfung und Sündenfall verraten ihre Herkunft aus dem Mythos darin, dass etwas, was sich nach ähnlichen Gesetzmäßigkeiten in der Geschichte, wenn auch jedesmal anders, wiederholt, wie eine einmalige Begebenheit im Leben einzelner Individuen dargestellt wird.

---

[53] Alles Urteil, das wir Menschen fällen müssen, vor allem das richtende, kann daher immer nur unter Vorbehalt gefällt werden. Vgl. M. Buber: Bilder von Gut und Böse, 612-613: „So heißt es etwa, wie von dem Engel als dem himmlischen, so von dem König als dem irdischen Statthalter Gottes, er wisse alles (2 Samuel 14,20), aber wo von ihm gesagt wird, er vernehme das Gute und das Böse (Vers 17), geht es genau um das Recht und das Unrecht, um das Schuldig und das Unschuldig, das die Richter, wie die himmlischen, über den Völkern atmenden (vgl. Psalm 82,2 und 58,2) so die irdischen, von ihrem göttlichen Auftraggeber vernehmen, um es in die Wirklichkeit umzusetzen." Man vgl. auch die erste Strophe aus A. Knapps Gedicht „Paradiesbäume": „*der baum der erkenntnis* / warum so richterhaft / in gut und böse alles scheiden / du sägst am eigenen Ast / deiner noch unreifen früchte" (Andreas Knapp, Heller als Licht, 40).

Nach meiner Deutung zielt das Hohe Lied nicht auf eine religiöse Überhöhung der menschlichen Liebe ab (wie in der allegorischen Deutung), sondern auf eine Vermenschlichung von Religion und Gesellschaft durch das herausfordernde Beispiel partnerschaftlicher Liebe mit allgemeinerer politischer Botschaft im Hintergrund. Das Gedicht könnte zwei Formen von Intoleranz entgegentreten wollen: Der Intoleranz der israelitischen Gesellschaft gegenüber grenzüberschreitenden Mischbeziehungen; sodann aber auch der Intoleranz der hellenistischen Gesellschaft gegenüber der freien Ausübung israelitischer Religion und Kultur.

Das Hohe Lied spricht alle Sinne an, wie folgende Aufstellung verdeutlichen möchte:

Sehsinn: Taubenaugen oder –blicke (V. 1,15; 4,1); die Sonne hat erblickt (1, 6); der Geliebte blickt und lugt (2,9); Schatten (2,17); Umsehen der Geliebten in der Stadt (3,2); „kommt und seht, Töchter Zions!“ (3,11; vgl. Joh 1,39.46); Blicke allgemein (4,9; 6,5; wie Teiche von Heschbon: 7,4); „ich (der Geliebte) bin gekommen“ und „ich habe gesehen“ (5,1); seine Augen (5,12); Sehen nach dem Weinstock (7,13).

Hörsinn: Stimme des Geliebten (2,8); Stimme der Turteltaube (2,12); deine (der Geliebten) Stimme (2,14; 8,13); Stimme des Geliebten (5,2).[54]

Geruchssinn: Geruch (1,3; 1,12; 4,11); Duft (2,13; 4,10.11); duftend von Myrrhe und Weihrauch (3,6); Düfte des Gartens (4,16); wohlriechende Düfte (5,13).

Tastsinn: Kuss des Geliebten (1,2); Kuss der Geliebten (8,1); „zieh mich!“ (an Geliebten: 1,4; ähnlich 2,3); Fußspuren (1,8); Linke unterm Haupt, Rechte umschlingend (2,6; 8,3); ich (die Geliebte) habe ergriffen (3,4); festhalten (7,8); Wein, der Lippen berührt (7,10); Siegel auf Herz und Hand (8,6).

---

[54] Auch darin ergibt sich eine Rahmung der Dichtung, dass die Stimme des Geliebten in Hld 2,8 mit der Stimme der geliebten Frau in 8,13 korrespondiert.

Geschmackssinn: die Frucht war süß (2,3); Traubenkuchen und Äpfel (2,5); reife Feigen (2,13); Essen und Trinken (5,1); Süße des Gaumens (5,9); Allraunäpfel (7,14); alle Früchte (7,14); ich (die Geliebte) tränkte mit Würzwein und Granatapfelmost (8,2).

Gefühle: jubeln, freuen, sich berauschen (1,4; zu berauschen vgl. auch 5,1); schnauben (die neidenden Brüder: 1,6); du, den meine Seele liebt (1,7; 3,2.3.4); krank an Liebe (2,5; 5,8); du (Geliebte) hast das Herz gestohlen (4,9); Eingeweide zittern ihm (dem Geliebten) entgegen (5,4); sie (der Geliebten Blicke) verwirren mich (6,4); Verlangen des Geliebten (7,11); Ausgang oder Finderin des Friedens (8,10).

Farbwahrnehmungen: schwarz (1,5); frisches Grün (1,16); strahlend rot (5,10); schwarz von seinen Locken (5,11).

Gerade die Vielfältigkeit der angesprochenen Sinne macht deutlich, wie das Gedicht nicht auf der Ebene grober Sinnenlust stehenbleibt. Das Spiel der Augenkontakte wie der Klang der Stimme öffnet all die vielfältigen Ebenen, auf denen Beziehung stattfinden kann, und schlägt so die Brücke zum seelischen Erleben.

So ergeben sich als mögliche über ein privates Liebesglück hinausweisende Themen des Hohen Liedes: Die Verbindung und Überbrückung kultureller Gegensätze, die Gleichberechtigung religiöser Minderheiten und unterdrückter Bevölkerungsgruppen sowie ein versöhntes Verhältnis des zivilisierten Menschen zur natürlichen Um- und Mitwelt.

3. Bezüge zur antiken Dichtung

Einmal wieder zur Lektüre der Schulzeit zurückgreifen, sich an die glücklichen Zeiten erinnern, als das erste Bekanntwerden mit römischen Elegikern von der Trockenheit historischer Berichte und rhetorischer Spitzfindigkeiten befreite. Ein Griff zu meiner Properzausgabe! Und sieh da, welche Überraschung. Die Zeilen, auf die ich wie zufällig stoße, kommen mir irgendwie bekannt vor (Properz, II. Buch, Elegie 29,1-10):[55]

hesterna, mea lux, cum potus nocte vagarer,

nec me servorum duceret ulla manus,

obvia nescio quot pueri mihi turba minuta

venerat (hos vetuit me numerare timor),

quorum alii faculas, alii retinere sagittas,

pars etiam visa est vincla parare mihi.

sed nudi fuerant. Quorum lascivior unus

'arripite hunc' inquit; 'jam bene nostis eum.

hic erat, hunc mulier nobis irata locavit.'

dixit, et in collo jam mihi nodus erat.

Metrischer Eigenversuch:

Gestern, als ich bei Nacht, gut angesäuselt, umherging,

und keines Sklaven Hand sicher mich führte des Wegs,

kam mir entgegen auf ihm eine Schar der zierlichsten Knaben,

welche zu zählen jedoch mir untersagte die Angst.

Fackeln führten die einen, Pfeile die anderen bei sich,

---

[55] Nachfolgende Texte von Properz folgen alle der Ausgabe: G. Luck (Hg.): Properz und Tibull. Liebeselegien, Zürich 1964. Erst später fiel mir folgender Artikel in die Hände: Yakov Eidelkind, Cant 3:2-3, 5:6-7 and Parallels from Propertius and Tibullus, in: L. Kogan, Babel und Bibel 1, 219-230. Ich stehe mit meiner Feststellung also nicht ganz alleine da. Die oben zitierte Stelle nimmt auch bei ihm breiten Raum ein. Auch Eindelkind scheint den Bezug zur Polizei, den ich meinesteils von Heinevetter übernommen habe, für wahrscheinlicher zu halten als etwa den mit Räubern, legt aber auch besonderen Wert auf den hohen Grad von Mythologisierung, den er durch den Vergleich mit Eroten erhält.

und ein Teil eben schien Fesseln zu binden für mich.

Nackt aber waren sie wohl, von ihnen der Loseste sagte:

„Diesen ergreift mir sogleich. Nur zu bekannt ist er euch,

Ihn hat die zornige Frau uns anvertraut zur Zielscheibe."

Kaum ausgesprochen, so lag um meinen Hals auch der Strick.

Hier wird das gewohnte Eingreifen der Stadtpolizei zum Bild für das unwillkürliche Wirken von Eroten, die für das Gewissen des Dichters die Eifersucht seiner Geliebten verkörpern. Die dichterische Verwandtschaft des Hohen Liedes mit der alexandrinischen Dichtung (Theokrit, Kallimachos etc.) ist seit je aufgefallen.[56] Von dieser war auch die römische Elegiendichtung stark beeinflusst. Bei Properz scheint vor allem seine zweite Elegie besonders ergiebig für motivliche Entsprechungen zu sein.

Auch der Zurückweisung des Reichtums begegnen wir z.B. in Form einer Warnung an die Geliebte (Elegie II/24,49-50 (33-34)[57]):

noli nobilibus, noli conferre beatis:

vix venit extremo qui legat ossa die.

Nicht mit Vornehmen, nicht mit Gutgestellten[58] vergleiche:

Schwerlich ein einz'ger kommt einst, würdig zu ehr'n dein Gebein.

Auch vorgeschützte Verwandtschaftsverhältnisse können beschworen werden, um eine ungehinderte und unbeschwerte Beziehung zu ermöglichen wie in diesem Fall (Elegie II/18B,11-12):

---

[56] H. Graetz: Schir-ha-schirim, 89: „ Theokrit, von Ptolemäus Philadelphus an den Hof geladen, dichtete in Alexandrien (284-275) seine ersten Eklogen und machte damit Glück, indem sie nicht bloß viel gelesen wurden, sondern auch Nachahmer erweckten. Alexandrien war gewissermaassen die Wiege der bukolischen Poesie – weil die Ueppigkeit dieses Hofes sie gewissermaassen herausgefordert hat."

[57] Hier gibt es offensichtlich unterschiedliche Aufteilungen der Elegien.

[58] Georg Luck: Liebeselegien, 116, übersetzt hier „beatis" (eigentlich: den glücklichen, oder: den gesegneten) sinngemäß mit „die Reichen", im Sinne von „die mit Gütern gesegneten".

cum tibi nec frater nec sit tibi filius ullus,
    frater ego et tibi sim filius unus ego.

Weil keinen Bruder du hast, noch auch einen Sohn, den du dein nennst,
    Bruder will ich dir sein, und sogar einziger Sohn.

Am deutlichsten aber wird die Parallele dort, wo auch bei Properz die todüberwindende Macht der Liebe angesprochen wird, II / 27,1-2:

at vos incertam mortales, funeris horam
    quaeritis, et qua sit mors aditura via.

Wohl, ihr Sterblichen forscht nach der Stunde des drohenden Todes.
    Wissen würdet ihr gern, auf welche Weise er kommt.

... 11-16:

solus amans novit, quando periturus et a qua
    morte, neque hic Boreae flabra neque arma timet;
Iam licet et Stygia sedeat sub harundine remex,
    cernat et infernae tristia vela ratis:
si modo clamantis revocaverit aura puellae,
    concessum nulla lege redibit iter.

Zeitpunkt und Art seines Todes kennt einzig der Liebende doch nur
    und nicht des Boreas Wut fürchtet er, noch die Schlacht.
Mag er schon sitzen als Ruderknecht an des Styx Schilfufer,
    wo er des Unterweltboots traurige Segel erspäht.

Dennoch sobald ihn ein Hauch nur der Geliebten zurückruft,

gleich betritt er den Weg, den kein Gesetz ihm erlaubt.

Diese Aussage ist wohl durch die Gesamtrichtung des zweiten Elegien-Buches bestimmt, die den Dichter die Kämpfe der Liebe als denjenigen des Heeresdienstes gleichwertig ansehen und gegenüber seinem Gönner Maecenas verteidigen lässt.[59] Man möchte dabei an die Orpheussage denken, nur dass hier bei Properz die Rollen zwischen Frau und Mann vertauscht zu sein scheinen. Liegt wenigstens eine Anspielung vor oder doch ein ganz anderer Mythos? Properz ist für seinen freien und souveränen Umgang mit den mythischen Traditionen bekannt. Ähnlich spielerisch geht das Hohe Lied mit den biblischen Traditionen um.

Properz dürfte seine Elegien etwa zweihundert Jahre später als das biblische Hohe Lied verfasst haben. [60] Eine Bekanntschaft seinerseits ist dabei wohl kaum anzunehmen. Lediglich als Beispiel für die Gemeinsamkeit dichterischer Motive im Umfeld der alexandrinischen Dichterschule, der sich eben auch ein Properz geistig verpflichtet fühlte, sind diese Parallelen aussagekräftig.

Im Unterschied zum Hohen Lied sind die römischen Elegien überhaupt und diejenigen von Properz insbesondere stark von der Polarität der Geschlechter bestimmt und kreisen um das Dauerthema eifersüchtigen Ringens umeinander. Dabei bleibt die männliche Perspektive, durch die konsequent durchgeführte Ich-Perspektive des Dichters, dominant. Es fehlt jedoch nicht

---

[59] G. Luck: Liebeselegien, 413, macht darauf aufmerksam, dass Properz, der sich als Nachkömmling der Etrusker empfand und darum ein etwas gespaltenes Verhältnis zur römischen Politik hatte, seine Überzeugung den Ansichten des Maecenaskreises ab dem zweiten Elegienbuch stärker anpasst. Da aber der Vorsatz, den „Kaiser" des Maecenas zu preisen, rein hypothetisch bleibt, könnte es sich auch um einen rhetorischen Kunstgriff handeln, mit dem er sich geschickt aus der Schlinge zu ziehen versucht.

[60] Georg Luck: Liebeselegien, Vorwort, XII-XIII, lässt Properz gegen 53 v.Chr. geboren sein, und um 28 v.Chr. an seinem zweiten Elegienbuch arbeiten. In den Anmerkungen (413) ist er genauer und nimmt den Zeitraum von 28-24 v.Chr. für die Entstehung dieses Buches an.

der Hinweis auf die künstlerische Beteiligung von Frauen an Tanz und Dichtung (zweites Buch, 3. Elegie, Verse 17-22):

quantum quod posito formose saltat Iaccho,[61]

egit ut euhantis dux Ariadna choros,

et quantum Aeolio quod temptat carmina plectro,

par Aganippeae ludere docta lyrae,

et sua cum antiquae committit scripta Corinnae,

carminaque Erinnes non putat aequa suis.

Nichts freut mich mehr[62] als dein Tanz, der figurenreiche für Iakchos,

Wie Ariande einst schritt jauchzende Reigen voran;[63]

Nichts so sehr wie ihre Lieder, versucht mit aeolischem Plektron,

gleich Aganippe, dem Quell', Leier zu spielen geschickt,

Wenn eigne Texte zur Seit sie stellt der alten Corinna,

Lieder Erinnas nicht gleichwertig den ihren ansieht.

Auch wenn man beim Hohen Lied im Gegensatz dazu noch nicht von einer romantischen Harmonie sprechen kann, so fehlt bei ihm jedoch jegliche Spannung zwischen den Liebenden, die stattdessen von gegenseitiger Bewunderung in orientalischem Überschwang erfüllt sind. Die Konflikte bestehen hier nur in den äußeren Hindernissen, auf die in verschlüsselten Bildern angespielt wird. Es folgt daraus aber die Motivfolge von Begegnung,

---

[61] Iacchos lautet der Beiname des zukünftigen und mit Jubel vorausgeahnten Dionysos der Mysterienkulte.
[62] Man denkt etwa an den Vers aus dem 2. Teil von Goethes Faust: „Die Schöne bleibt sich selber selig, / die Anmut macht unwiderstehlich".
[63] Mit diesem Distichon vgl. auch Hld 7,1.

Trennung, Suche und Wiederfinden, die in beiden Dichtungsarten anzutreffen ist.

Dass bei der römischen Dichtung der kämpferische Charakter der Politik bis in die persönliche Liebeslyrik hineinwirkt, darf beim allgemeinen Charakter der römischen Kultur nicht wundernehmen, kann aber als zusätzliche Rechtfertigung dafür dienen, auch am Hohen Lied seine „politischen" Seiten hervorzuheben.

Der Vergleich des biblischen Hohen Liedes mit der römischen Liebeslyrik, die, vermittelt durch die alexandrinische Dichterschule, miteinander so viele Motive gemeinsam haben und sich doch im Charakter wieder voneinander unterscheiden, kann vor einer allzu überfrachteten Interpretation bewahren. Man möchte gerne das Hohe Lied als Beispiel für das personale Liebesverständnis der Bibel heranziehen. Dabei bleibt jedoch zu berücksichtigen, dass das Hohe Lied sich gegenüber allem Individuellen und Persönlichen ganz so ähnlich zurückzuhalten scheint, wie man es an den Psalmen gewöhnt ist. Über den individuellen Charakter der Liebenden und ihres Geliebten erfahren wir kaum etwas. Die Beschreibungslieder drücken ein gegenseitiges uneingeschränktes Lob aus, das zugleich so allgemein gehalten ist, dass sich Jeder und Jede darin wiederfinden könnte. Es werden daneben keine besonderen individuellen Ansprüche an Fähigkeiten und Leistungen des Partners erhoben, damit aber auch ebenso wenig irgendwelche Spannungen, die sich aus charakterlichen Eigenheiten und Unstimmigkeiten ergeben könnten.

Das erklärt auch die Wirkung, die die Dichtung des Hohen Liedes auf ihre Leserschaft immer wieder ausübt, da sich Jeder ungestraft und ungerügt der Illusion des persönlichen Mitgemeintseins hingeben darf, um so der eigenen Gottebenbildlichkeit inne zu werden.

4. Widerschein in naturphilosophischen Gedichten von Friedrich Hebbel

Eigene Übersetzungsversuche reizen die persönliche Kreativität, lassen einen aber die eigenen Grenzen umso schmerzlicher empfinden. Also sich rasch auf die Suche gemacht bei den Dichtern unserer Muttersprache! Aber ein möglichst wortgewaltiger müsste es sein. Mir steigt die Erinnerung hoch an ein Liebessonett von Friedrich Hebbel (1813-1863), bei dem die persönliche Erfahrung ganz in einem allgemeineren Wirklichkeitsbezug aufgeht.

a) Liebesakt als Wiederholung der Schöpfung

Das Heiligste[64]

Wenn zwei sich ineinander still versenken,
Nicht durch ein schnödes Feuer aufgewiegelt,
Nein, keusch in Liebe, die die Unschuld spiegelt,
Und schamhaft zitternd, während sie sich tränken:

Dann müssen beide Welten sich verschränken,
Dann wird die Tiefe der Natur entriegelt,
Und aus dem Schöpfungsborn, im Ich entsiegelt,
Springt eine Welle, die die Sterne lenken.

Was in dem Geist des Mannes, ungestaltet,
Und in der Brust des Weibes, kaum empfunden,
Als Schönstes dämmerte, das muß sich mischen

Gott aber tut, die eben sich entfaltet,
Die lichten Bilder seiner jüngsten Stunden
Hinzu, die unverkörperten und frischen.

---

[64] Zitiert nach: Hans Wahl (Hg.), Hebbels Werke, Band 1, Leipzig o.J., 38.

Ein bewusster Bezug des Dichters auf das Hohe Lied ist nicht erkennbar. Dennoch lassen sich folgende stichwortartige und thematische Anklänge an das Hohe Lied fast in jeder Zeile aufzeigen.
Das Heiligste: Der sprechende Titel des Gedichtes könnte, als Bezug zum Hohen Lied aufgefasst, dem Umstand Rechnung tragen, dass das Hohe Lied als Sammlung profaner Liebeslieder Eingang in den biblischen Kanon gefunden hat, womit zugleich der Inhalt geheiligt wurde.

Wenn zwei (Z. 1): Im Hohen Lied bilden zwei (oder mehr) Liebende den Mittelpunkt des biblischen Werkes. Im Unterschied dazu bietet das Sonett von Hebbel nur ein Nachdenken, Nachsinnen über die Liebe, ohne zwei konkrete Personen wirklich gegeneinander in Szene zu setzen.

... schnödes Feuer (Z. 2): Feuer als Bild für Leidenschaft taucht auch im Hohen Lied auf, besonders in 8,6. Hier freilich vorallem im positiven Sinn.[65] Die Warnung vor dem „schnöden Feuer" könnte jedoch auch mit dem refrainartigen Warnruf verglichen werden: „Weckt die Liebe nicht auf!"

Unschuld (Z. 3): Das Wort Unschuld wird im Hohen Lied nicht verwendet, wahrscheinlich gibt es auch im biblischen Sprachgebrauch kein entsprechendes Wort dafür, die Sache aber wird durch die Anspielungen auf die Paradieserzählung immer wieder beschworen.

Während sie sich tränken (Z. 4): dafür taucht im Hohen Lied an verschiedenen Stellen der Weingenuss als Metapher auf (vgl. z.B. Hld 7,10).

Dann müssen beide Welten sich verschränken (Z. 5): Die Verbindung und Überwindung von Gegensätzen wird im Hohen Lied auf vielfältigste Weise dargestellt. Auch bei Hebbel dringt hier die Erkenntnis von der kosmischen

---

[65] H. Graetz: Schir ha-schirim, 71, weist auf das Vorkommen des Motivs bei Theokrit und Moschus hin. Seiner Ansicht nach geht es im Hohen Lied dabei jedoch vorallem um die Schmerzhaftigkeit der Liebe, vgl. ders. ebd., 207 zur Stelle.

Bedeutung der Liebe durch, bei der es immer auch um mehr geht als nur um eine private Angelegenheit.

Aus dem Schöpfungsborn, im Ich entsiegelt, springt eine Welle, die die Sterne lenken (Z. 7-8): Wasserquellen spielen auch im Hohen Lied eine Rolle, wie etwa in Hld 4,12-15, vielleicht als Erinnerung an die Paradiesesströme. Dafür fehlt dort der Bezug zu den Sternen, an deren Stelle allenfalls die Bergesgipfel mit ihren sprudelnden Quellen sich erheben. Die Geliebte, gewissermaßen das bessere Ich des Liebhabers, wird in Hld 4,12 mit einem verschlossenen Garten und einer versiegelten Quelle verglichen. Das Bild des Siegels wird dann noch einmal im zentralen Vers 8,6 aufgegriffen, wo statt vom „Ich" vom „Herzen" die Rede ist.

Was in dem Geist des Mannes … und in der Brust der Weibes (Z. 9-10): Begriffliche Selbstreflexion ist dem Hohen Lied fern. Doch ließen sich in einem verwandten Sinne die lobenden Beschreibungslieder, mit denen sich im Hohen Lied die Liebenden immer wieder gegenseitig besingen, als Ausdruck des innerlich Empfundenen deuten.

Als Schönstes dämmerte (Z. 11): was in biblischer Zeit als „schön" empfunden wurde, kann man allerdings anhand des Hohen Liedes lernen. „Du bist schön" lautet die stets wiederkehrende Feststellung.

Gott aber tut (Z. 12): Gott wird im Hohen Lied nicht genannt, der Gottesname kaum einmal in einer abgekürzten Form angedeutet (Hld 8,6). Dafür gibt es genug Anspielungen auf die biblische Schöpfungserzählung. Auch bei Hebbel wird Gott erst in der letzten Terzine genannt. Dadurch ergibt sich von den Proportionen her ein sehr ähnliches Verhältnis wie im Hohen Lied.

… die lichten Bilder seiner jüngsten Stunden (Z. 13): das greift Ideen der romantischen Naturphilosophie auf. Es finden sich vielfältige Beispiele in der Weltalterphilosophie Schellings. „[…] und so entquellen dem Innern der schöpferischen Natur diese Urbilder noch immer ebenso frisch und lebendig

als vor der Zeit. [...] Ja die Natur hat sich vorbehalten, jenen Moment in der gegenwärtigen Zeit beständig zu erneuern, und zwar durch die einfachsten Anstalten [...]. Die Wiederkehr jenes Momentes in der Zeugung würden auch schon die äußeren Erscheinungen glaublich machen, welche die einer entschiedenen Krisis (in dem von uns angenommenen Sinne des Worts) sind, darin jedes Princip wieder in seine Freiheit gestellt ist, und mit der Lösung des äußeren Bandes, das den Menschen bezwingt und beherrscht, die wollustvolle innere Entfaltung aller Kräfte beginnt. Daher die Aehnlichkeit mit dem Tod und dem magnetischen Schlaf. Wir wagen es, eine der größten Entweihung ausgesetzte Sache mit einem hohen und heiligen Verhältniß in Verbindung zu setzen; aber die schrecklichste Entartung einer großen Natureinrichtung darf nicht verhindern ihre Urbedeutung zu erkennen. [...] eine Sache, von der erkannt ist, daß sie in die Räder des Weltalls, ja in seine innersten und höchsten Verhältnisse eingreift, gebietet auch an sich heilige Scheu" (SW VIII, 290-291). Das böte eine zusätzliche Rechtfertigung, auch bei der Interpretation des Hohen Liedes *die Räder des Weltalls* sehr wohl im Blick zu behalten. Vor allem der Vergleich mit der Erscheinung des Todes lässt an das Hohe Lied denken, da die Beziehung wohl in keinem andern biblischen Text so deutlich ausgesprochen wird als in Hld 8,6. Ihm stellt Schelling noch den Vergleich mit einem damals aktuellen Phänomen zur Seite, dem sog. „magnetischen" Schlaf, wie er von dem österreichischen Arzt Franz Mesmer als Heilmethode entwickelt worden war, eine Art Vorläufer von dem, was später Hypnose hieß.[66] Auch die Betonung des „hohen" und „heilige Scheu" gebietenden Verhältnisses könnte einen Hinweis darauf enthalten, dass ein Buch wie das Hohe Lied Salomos und Schulammits Eingang in die Bibel gefunden hat.

[66] Stefan Zweig: Heilung durch den Geist, 29 nennt ihn den "Winkelried der modernen Seelenheilkunde".

Friedrich Hebbel hat Schellings Vorlesungen in München gehört und wird als dessen Zuhörer auch in Tilliettes Biographie erwähnt.[67] Seine Tagebucheintragungen lassen zwar eine gewisse Distanziertheit gegenüber Schellings Religionsphilosophie erkennen. Dennoch möchte man gewisse Einflüsse von Schellings Philosophie auf sein Sonett vermuten. Vielleicht hat Schelling manches aus der unveröffentlichten Weltalterschrift in seine mündlichen Vorlesungen mit einfließen lassen, da Hebbels Gedicht gerade dazu die meisten Parallelen aufweist. Sicherlich darf man aber auch bei allem Einfluss eine gewisse Kongenialität und geistige Unabhängigkeit auf seiten Hebbels mit in Anschlag bringen.

Es fragt sich, ob mithilfe der Naturphilosophie auch der Bezug des Hohen Liedes zur heutigen Umweltproblematik, *die Räder des Weltalls* in der jetzigen Zeit aufdeckend, verstärkt werden könnte. Dies hieße, dass in der mitmenschlichen Liebesbeziehung nicht nur die Schöpfung sich wiederholt, sondern auch eine kranke Beziehung zur Umwelt wieder geheilt werden könnte. Eduard Lasaulx hat der offensichtlich nicht von ihm verfassten, sondern nur übernommenen Vorlesungsmitschrift eine Anmerkung hinzugefügt, aus der man doch den Originalton Schellings nach Stil und Gehalt heraushören kann: „So haben andere die Schranken ihrer inneren Natur ausmeßen wollen und das Grimmfeuer welches im Abgrunde der Menschenbrust verschloßen ist, aufgewühlt und jenen vulcanischen Brand und Feuerhunger entzündet, der sich selbst überlaßen nur mit der völligen Zerstörung der menschlichen Natur in einem ausgebrannten Aschenhaufen

[67] Nach Tilliette: Schelling, 386, hätte der Pfarrer und Dichter Albert Knapp in München zum 8. Dez. 1840 „in einem überfüllten Hörsaal begeistert eine Vorlesung zur Mythologie gehört. Der Dramaturg Friedrich Hebbel, der Schriftsteller und Diplomat Karl Josias von Bunsen [...], all diese so unterschiedlichen Leute waren fasziniert von einer Persönlichkeit, deren verborgene Kraft und unterdrückte Unbändigkeit sich vom ersten Moment an bemerkbar machten." Nach Aussage von H. Stolte, Im Wirbel des Seins, 276, ist Hebbels Sonett wenige Jahre später, nämlich 1842 in Hamburg entstanden. Dass es damit einen Nachklang der Schellingschen Philosophie enthält, wie er sie in München erlebt hat, ist daher durchaus als wahrscheinlich anzunehmen. Stolte rückt es in die Nähe von zwei anderen Gedichten, die alle von der zwischenmenschlichen Beziehung und der aufgehobenen Dualität der Geschlechter handeln. Doch nur dieses Sonett besitzt so ausdrücklich den kosmischen Schöpfungsbezug. Wenn Stolte in ihm eine rein rational-gedankliche Darlegung sieht, unterschätzt er vielleicht die konkrete Bedeutung, die es für Hebbel gehabt haben könnte.

erlischt.[68] Es ist eigentlich nur ein wiederholter Sündenfall, es wird eine schlafende latent gehaltene Macht geweckt, die man beherrschen zu können glaubt, während sie aus ihrer Potenzialität real gemacht, ihren Befreier zum Dank für ihre Freiheit in die Luft sprengt. Es ist uns in der That alle h.[eilige] Scheu vor der Abgründigkeit unserer Natur abhanden gekommen, welche den Alten als höchste Religiosität galt. Wir wollen daß alles offenbar werden, daß alles Innere ins Äußerliche und dieses in jenes umgewandelt werde so daß am Ende jeder Tölpel das menschliche Gemüth wie ein ABC Buch vor sich liegen hat. Dann wird die Zeit der Ruhe eintreten – über einem ausgebrannten Vulkane, ein ächtes seliges Bimsteinleben!!"[69] Man könnte den Eindruck gewinnen, Schelling habe nicht nur die Gefahren der modernen Technologie vorausgesehen mit Erderwärmung und Klimaveränderung,[70] sondern in gleicher Weise auch die Fallen der modernen Medien mit ihrer Tendenz zur Selbstentblößung (von der immer wiederkehrenden Schlaftablettenpolitik in Deutschland einmal ganz abgesehen). Zugleich ist die Stelle ein Zeugnis, dass es schon damals den Ausdruck der *Ausgebranntheit* für eine bestimmte menschliche Befindlichkeit gegeben hat. Dies bringt auf die Idee, wie das, was den Menschen innerlich kaputt macht, und das, was die Natur äußerlich zerstört, in einer sehr engen Beziehung zueinander stehen könnte. Die Beachtung eines solchen Zusammenhangs könnte vor dem anderen Missverständnis bewahren, Mensch und Natur gegeneinander ausspielen und in einem sogenannten Anthropozentrismus den Ursprung aller Übel ausmachen zu wollen. Wenn es in einer guten

[68] Man fühlt sich in erschreckender Weise an die Verbrennungsöfen der Konzentrationslager erinnert, Denkmäler des schlimmsten Abfalls des Menschen von sich selbst. Weniger schrecklich, aber immer noch abstoßend genug, ist die Verwüstung der Landschaft, welche die Abbaugebiete für Braunkohle etwa im Hambacher Wald hinterlassen. Dafür wurden und werden auch in größter Rücksichtslosigkeit die Lebenswelten von Tieren zerstört, abgesehen von ganzen bewohnten Dörfern, die dafür verschwinden mussten.

[69] Schelling: System der Weltalter, Münchener Vorlesung 1827/28, S. 93-94 L115. „Wiederholter Sündenfall", „Potenzialität", „heilige Scheu" sind z.B. typische Ausdrucksweisen von Schelling.

[70] In seinem Gedicht „Von unten auf!" leiht Freiligrath seine revoltierenden Gedanken dem Heizer auf dem Rheindampfer, der den preußischen König zur Burg Stolzenfels bringt, und lässt den denkwürdigen Satz fallen: „Du bist weit weniger ein Zeus als ich, o König, ein Titan." Dennoch beschließt der Heizer am Schluss: „heut zornig Element noch nicht." Zitiert nach: Walther Heichen (Hg.): Freiligraths Werke, Zweites Buch: Lieder der Revolution, 94-96.

Umweltpolitik entscheidend auf den Menschen ankommt, nützt es nichts, ihn von vornherein so schlecht zu machen, dass er sich nichts mehr zutraut, und sich selbst für überflüssig oder sogar grundsätzlich schädlich hält. Viel gangbarer scheint ein anderer Weg zu sein, der den Menschen in bezug auf die Umweltproblematik ein „res tua agitur" („es geht um deine Angelegenheit") aufgehen lässt, etwas, was ihn auch in seinem Menschsein ganz unmittelbar angeht und anspricht. Beherzigenswert ist die von Naturschützern immer wieder vorgebrachte Warnung vor einem leichtsinnigen Umgang mit fossilen Brennstoffen, die man lieber ungenutzt, aber wohl verwahrt in der Erde ruhen lässt.[71] So stellt sich die Frage, ob mit dem Hohen Lied, das in 8,6 von den Feuerflammen der Liebe spricht, die auch durch das angehängte Kürzel des Gottesnamens als eine Art Gottesblitz bezeichnet werden, zugleich ein sorgfältiger Umgang mit diesem Feuer sowohl in uns, also auch außer uns nahegelegt würde, um es davor zu bewahren, zu jenem schnöden Feuer zu werden, von dem bei Hebbel die Rede ist. Es geht um ein Bewahren und Behüten sowohl des eigenen Herzens, dessen Ausgebranntheit alle schöpferische Energie zerstören, als auch der schlummernden Naturkräfte, deren voreiliges *Aufwecken* die Zukunft alles organischen Lebens auf Erden in Frage stellen würde.[72]

„Weckt die Liebe nicht auf" – dieser Warnruf könnte also nicht nur in bezug auf ein menschliches Gefühl wahr sein, sondern auch auf Kräfte in der Natur, die zur menschlichen Leidenschaftsfähigkeit eine innere Verwandtschaft besitzen. Der Gedanke der Bewahrung kehrt im Hohen Lied in unterschiedlichsten Formen wieder, am markantesten in dem Ausdruck

[71] Zu dem Ausdruck: „tretet die Erde" (wörtlich für Luthers „macht euch untertan") haben Otmar Keel / Silvia Schroe: Schöpfung, 181, interessantes Bildmaterial von einem assyrischen Rollsiegel aus der Zeit von 750-700 v. Chr. beigebracht: ein Hirte, der den Fuß auf ein Kalb setzt (Ausdruck des Besitzens wie der Verantwortung) und gleichzeitig einen angreifenden Löwen abwehrt. Man könnte den Herrschauftrag also auch, wie folgt, übersetzen: „Setzet behütend den Fuß auf die Erde" und so den Auftrag auch als Aufforderung verstehen, jegliche Form von Ausbeutung (in jener Darstellung symbolisiert durch das Raubtier) gerade zu verhindern.

[72] Vgl. mit seinem sprechenden Titel eines der ausführlichsten Werke zum Thema Klimawandel: H.J. Schellnhuber: Selbstverbrennung. Die fatale Dreiecksbeziehung zwischen Klima, Mensch und Kohlenstoff, München 2015.

„Siegel", wenn es etwa in 8,6 heißt: „Setze mich wie ein Siegel auf dein Herz, wie ein Siegel auf deinen Arm". In 4,12 wird die Geliebte mit einer „versiegelten Quelle" verglichen. Von der Notwendigkeit, die eigenen Gefühle zu wahren, spricht Schelling in seiner Freiheitsschrift: „Das Gefühl ist herrlich, wenn es im Grunde bleibt; nicht aber, wenn es an den Tag tritt, sich zum Wesen machen und herrschen will." (SW I/7, 414)

Ein Gedicht von Hebbel, dass das persönlichste Gefühl des Menschen, nämlich das der partnerschaftlichen Liebe in einen allgemeinen kosmischen Zusammenhang hineinstellt, entwickelte sich zum Anlass, die umweltpolitische Komponente des Hohen Liedes verstärkt ins Blickfeld zu heben. Der Möglichkeiten einer aktualisierenden Deutung des Stadt-Land-Gegensatzes, der das Hohe Lied durchzieht, sind sicherlich viele, bis hin zur Einbeziehung einer Kritik an den modernen Technologien und ihrer Wirkung auf die mitmenschlichen Beziehungen. Da wäre sicherlich aber auch der schädliche Stress in der modernen Arbeitswelt mit seinen Auswirkungen auf ein gesundes und ausgeglichenes Familienleben hinzuzuzählen.

Da die zerstörerischen Praktiken nicht dem Interesse der Menschheit dienen, sondern nur dem einer ganz kleinen Gruppe von Menschen, und auch dies zum größten Teil auf Kosten der übrigen Menschheit, kann die Umweltproblematik nicht auf einer einseitigen Bevorzugung des Menschen als solchem gegenüber der Natur beruhen. Eher handelt es sich um das einseitige Vorherrschen egoistischer Einzelinteressen gegenüber dem Gemeinwohl, also um eine gewisse Ausartung von Individualismus[73]. Diese

[73] Man kann den Eindruck erhalten, Drewermann habe in seinem Buch „Der tödliche Fortschritt" den Individualismus vom Menschen in die Natur hinübergetragen, was darin zum Ausdruck kommt, dass seine Hauptsorge den Individuen innerhalb der Tierwelt gilt. Die Idee einer Natur als Subjekt, wie sie Schelling dem Fichteschen Idealismus gegenübergestellt hat, scheint ihm fern zu liegen. Dabei ist diese Idee der neuentdeckten Realität der Symbiose sehr verwandt, bei der mehrere Lebewesen wie ein einzelner Organismus zusammenwirken. Subjekt im engeren Sinn bezeichnet nach der deutschen Philosophie die Einheit des Subjektiven und Objektiven. Im Menschen wird diese mit einem einseitigen Schwerpunkt auf dem Subjektiven erreicht, in der Natur mit entsprechendem Schwerpunkt auf dem Objektiven. Da ein Subjekt im tieferen Sinn überall dort gegeben ist, wo es zu einer Einheit des Subjektiven und des Objektiven kommt, verhält sich sowohl der Mensch als auch die Natur als Subjekt, wobei die äußere Gestalt, in der die

Einseitigkeit scheint vergleichbare Folgen für das allgemeine menschliche Miteinander wie für die Beziehung zur Natur zu haben. Die Idee einer Bewahrung der Schöpfung, in Schellings Sprache Ausdruck heiliger Scheu, gewänne noch einmal ganz besondere Aspekte, wenn man sie zur Bewahrung unserer persönlichen und mitmenschlichen Gefühle in Beziehung setzt. Die vielen Naturvergleiche in den Beschreibungsliedern des Hohen Liedes scheinen wie geschaffen zu sein für eine solche Parallelsetzung zwischen den Bedürfnissen der menschlichen wie der allgemeinen Natur, und von daher gut als Basis für das zu dienen, was im Unterschied zum „Schutz der Umwelt", wie es früher hieß, heute auch oft gern als „Schutz der Mitwelt" formuliert wird.

Wenn Schelling immer wieder die Idee einer heiligen Scheu anklingen lässt, die er bereits zu seiner Zeit vermisst, so fragt sich, was die Religionen, und unter ihnen die christliche insbesondere, tun könnten, um eine solche heilige Scheu, der Ausbeutung der Natur scharfe Grenzen setzend, wiederzubeleben. Drewermann scheint neben vielen anderen vor allem der christlich-jüdischen Tradition den Vorwurf zu machen, eher zu einer Untergrabung jener Scheu, welche die Naturreligionen noch auszeichne, beigesteuert zu haben. Die Wahrheit ist wohl eher die, dass diese Tradition den Verlust der Unschuld bereits voraussetzt und hinnimmt, ohne ihn jedoch darum rechtfertigen oder gutheißen zu wollen. Was im übrigen die Wahrnehmung des Verlustes der Unschuld betrifft, so sind die biblischen Schriften allerdings von einem völlig illusionslosen Realismus geprägt. Ihr Hauptinteresse besteht darin, zu fragen, was es noch trotz dieses Verlustes der Unschuld, der nicht aufzuhalten und nicht mehr rückgängig zu machen ist, an Hoffnung geben kann.[74] Das konnte den täuschenden Eindruck

---

Subjekthaftigkeit der Natur zum Ausdruck kommt, der Planet als Ganzer darstellt. Nach der Naturphilosophie war bereits also der Mutterplanet Erde genauso als dynamisch-lebendige Einheit zu begreifen wie der einzelne Mensch.

[74] Vgl. M. Buber: Bilder von Gut und Böse, 617: „Der Mensch wird aus dem *Sitz*, der ihm gerichtet war, auf einen Weg, seinen, den Menschenweg geschickt. Daß es der Weg in die Geschichte der Welt ist, daß die Welt erst durch ihn eine Geschichte – und ein Geschichtsziel – hat, ist dem Erzähler wohl, auf seine Weise, zu Gefühl gekommen."

erzeugen, als ob die christlich-jüdische Tradition an der Zerstörung der Unschuld als solcher interessiert gewesen sei. Und wahr ist sicherlich, dass eine solche Zerstörung von Formen der Unschuld, wie sie in einzelnen Naturreligonen überdauert und zum Teil noch im Judentum selbst einzelne Spuren hinterlassen hat, von seiten eines missverstandenen Christentums vorangetrieben wurde und teilweise bis heute noch getrieben wird. Die vom Christentum verkündete hohe Entscheidungsfreiheit des einzelnen Menschen hat die Menschheit oftmals überfordert und dadurch einen groben Missbrauch dieser Freiheit nur allzuoft im Schlepptau gehabt. Dennoch blieb für das Christentum wie für das Judentum die Einsicht unausweichlich, dass eine einmal aufgegebene Unschuld nicht wiederhergestellt, und darum Heil und Heilung nur in einer Vervollständigung von Erkenntnis und Wissen gesucht werden kann

Für die heutige Zeit stellt sich aber die Aufgabe, wie neben der Entscheidungsfreiheit des Einzelnen die heilige Scheu vor den innerlich waltenden Naturkräften wie vor Kulturen, die ihnen noch nahestehen, wieder neu geltend gemacht werden kann. Überall wird es darum gehen, die innere Beziehung an die Stelle äußerer Beherrschung zu setzen. Da im Christentum die Beziehungsebene sowohl im Gottesbild wie in der Sittenlehre sosehr betont wird, müsste es für eine solche Herausforderung durchaus ein entsprechendes Rüstzeug besitzen. Woran es aber noch zu fehlen scheint und worin darum eine Hauptaufgabe für die Zukunft bestehen könnte, das ist eine stärkere theologische Wiedereinbeziehung der Schöpfung in die Heilsgeschichte.[75]

Die heutige Aufgabe der Theologie würde darin bestehen, diese Manifestation des Göttlichen im Menschen, biblisch gesprochen die göttliche

[75] An Ansätzen hat es nicht gefehlt. Die Rückbesinnung auf den alttestamentlichen Ebenbildgedanken inspirierte Vinzenz Pallotti bei seinem Versuch, die Schranken der Hierarchie zu durchbrechen und den Sendungsgedanken auf die ganze Menschheit auszudehnen. Vgl. Brigitte Proksch, Beteiligung, 30-74. Auf indirektem Wege hat dies innerhalb der dialektischen Theologie bei Emil Brunners „Der Mensch im Widerspruch" weitergewirkt und könnte heute bei Betrachtung einer „Welt im Widerspruch des Klimawandels" zur Einbeziehung der gesamten Natur dienen.

Ebenbildlichkeit des Menschen, nicht mehr isoliert zu betrachten, sondern in ihrer Beziehung zur gesamten Schöpfungswirklichkeit zu sehen.

Spinnen wir die Bezüge zur modernen Naturproblematik weiter, so stellt sich auch die Frage, inwieweit die Beziehungsthematik des Hohen Liedes sich auf die Beziehung zwischen Staaten, Ländern und Kontinenten anbringen und auf die von Papst Franziskus geforderte globale Solidarität in der Menschheit, einer spanischen Redewendung gemäß als „gemeinsames Haus“ bezeichnet, anwenden lässt.[76]

Die Beschreibungslieder, die Zeugnis ablegen von der engen Beziehung des Menschen und seiner natürlichen Umwelt, sind zugleich Beziehungslieder, die die angesprochene Person aus der Perspektive des liebenden Blickes beschreiben. Insofern könnten sie auch auf die partnerschaftliche Beziehung zwischen Staaten angewendet werden, besonders wenn man davon ausgeht, dass der Hinweis auf die schwarze Schönheit der Geliebten als bewusste Betonung der kulturellen und abstammungsmäßigen Andersartigkeit zu verstehen ist. Welche Möglichkeiten poetischer Wiederaufnahmen und Umdeutungen des Hohen Liedes auf unsere Zeit! Welche Impulse für eine sinnvolle und ausgewogene Anwendung von Identitätspolitik!

Wenn das wallende Haar mit einer Ziegenherde, die glänzende Zahnreihe mit einer Schafherde, schweifende Blicke mit gleitenden Tauben (vgl. z.B. Hld 4,1-2), das erhobene Haupt mit dem Karmelgebirge verglichen werden kann (Hld 7,6), dann kommt darin in gleicher Weise zum Ausdruck, was dem

---

[76] Wie bedeutsam, dass Hebbel, den vielleicht manche aufgrund seines Nibelungendramas gerne als Nationaldichter sähen, zeitlebens als Holsteiner einen dänischen Pass hatte! Stolte: Im Wirbel des Seins, 249, stellt fest: „Da die dänische Regierung auch die deutschen Landesteile Schleswig und Holstein außenpolitisch vertrat und da es eine Staatsangehörigkeit zum Deutschen Bund als solchem nicht gab, war Hebbel demnach, sobald er Holstein verließ und etwa seinen Wohnsitz in Hamburg nahm, dort ein ‚Ausländer‘ mit einem ‚dänischen Paß‘.“ Wenn Hebbel sich nie um den Pass eines deutschen Landes oder Österreichs bemüht hat, hatte das auch mit seiner Abwertung eines als veraltet empfundenen Nationalismus zu tun, ob es nun der deutsche oder der dänische war. So Hebbel in einem Brief an den befreundeten Maler Louis Gurlitt: „Ich hasse neue Etablissements von Fürstentümern und das provinzielle Verfestigen in einer Zeit, die, wenn nicht alle Anzeichen täuschen, dem Völkerbund entgegenstrebt, ich mag kurz vorm Jüngsten Tag der Nationalitäten das Rücken mit den Stühlen nicht und hätte aus diesem Grunde wohl gewünscht, dass alles beim alten geblieben wäre.“ (Zitiert nach Stolte, Im Wirbel des Seins, 257).

Sprecher, der Sprecherin die Naturerscheinungen bedeuten, wenn sie als Vergleiche herangezogen werden können für das, was einem das Liebste ist auf der Welt. Als drittes wird zwischen beiden Größen, sprich den Personen und ihrem natürlichen Lebensumfeld, in performativer Rede eine Beziehung gestiftet, die nicht von Natur aus selbstverständlich vorgegeben ist, sondern erst durch den dichterischen Vergleich in Erscheinung tritt. Ohne an gleicherweise überschwängliche Gedichte denken zu müssen, lohnt es doch darüber nachzudenken, wie hier in spielerischer Form die Beziehung zwischen Ländern und Kulturen neu gestiftet und schöpferisch gestaltet werden könnte, mithilfe von Vergleichen, durch die die unterschiedliche Charakteristik sowohl wie die vielfältigen Ergänzungs- und Begegnungsmöglichkeiten sichtbar und nachvollziehbar gemacht würden. Ein Bogen könnte geschlagen werden von der äußeren Erscheinungsweise eines Landes, der geschichtlich gewachsenen Gesellschaft bis hin zur inneren Eigenheit der Bevölkerungen mit all den noch verborgen schlummernden Möglichkeiten. Eine Begegnungsebene jenseits allen äußeren Zweckbündnisses, könnte angebahnt und vor Missverständnissen geschützt werden.[77]

Auf ein Beschreibungs- bzw. Beziehungslied wollen wir noch besonderes Augenmerk richten. Hld 7,1-7 beginnt mit der Aufforderung: „Dreh dich, dreh dich, Schulammit, dreh dich um.“ Längst ist aufgefallen, wie die weltliche Handlung des Tanzes, Ausdruck von Freude auf jeder Hochzeit, hier mit Worten beschrieben wird, die dem prophetischen Umkehrruf entlehnt zu sein scheinen. Geht man von der Hirtenhypothese und somit von der Vermutung aus, die Schulammit genannte Liebende hätte zwischen zweien noch eine Wahl zu treffen, zwischen dem König und dem Hirten, dann beinhaltet diese Aufforderung zugleich die Werbung, sich doch dem Richtigen zuzuwenden.

[77] Was können wir von anderen Ländern lernen, denen wir mit unserer Technologie, wie mit unseren Ideen von Freiheit und Gleichheit zur Hand gehen möchten? Von Ruanda z.B., dem Partnerland von Rheinland-Pfalz, könnten wir lernen, wie man den problematischen Abfall von Plastik vermeidet. Ein Bewusstsein dafür hat sich bei uns erst mit großer Verspätung eingestellt.

Vor der Problematik der Klimaveränderung, in der sich das Klima im wahrsten Sinne des Wortes dreht, könnte es neben einem verzweifelten Hilferuf an das Klima ebenso auch eine Aufforderung an die verantwortliche Menschheit sein, endlich doch die schon so lange beschworene Kehrtwende zu vollziehen. Transformation und transformative Bildung sind seit einiger Zeit die Schlagwörter, die eine solche Kehrtwende aus geistiger Bewusstseinsveränderung in der erforderlichen Radikalität nahelegen.[78] Mit dem Beziehungsreichtum des Hohen Liedes könnte man herausarbeiten, inwieweit eine solche Kehrtwende, als Abkehr von bisherigen Denk- und Lebensgewohnheiten, immer auch zugleich eine Hinkehr, eine Zuwendung zu etwas Übersehenem oder Vernachlässigtem mit einschließt. Natürlich geht es zuerst um eine Zuwendung zu den natürlichen Lebensbedingungen auf dieser Erde, aber ebenso auch um eine Zuwendung zu den an den Rand gedrängten Gruppen und Völkern der Weltgesellschaft. Es geht um die Entdeckung der aktuellen Botschaft in alten Anschauungen, von denen auch heute immer wieder neu zu lernen ist, sowie um die Zukunft der Jugend, deren Dringlichkeit sie selber uns mit ungeahnter Wucht vorhält.

b) Hebbel und die Tiere

Wenn Drewermann auf den viel achtsameren Umgang mit Tieren in Indien aufmerksam macht, während in dem ethnisch verwandten, aber stark vom Islam beherrschten Land Pakistan schon wieder ganz andere Sitten herrschen,[79] so zieht er daraus den Schluss, dass die Ursache dafür vor

[78] Man spricht bisher von zwei entscheidenden sog. Transformationen, die die Menschheit bisher geprägt haben: die neolithische Revolution, die eine sesshafte Agrargesellschaft begründete, und die industrielle Revolution, unter deren negativen Auswüchsen wir immer mehr zu leiden haben. Vgl. Schellnhuber: Selbstverbrennung, 212-243.

[79] E. Drewermann: Der tödliche Fortschritt, 95: Der Reisende, „der auf dem Landweg den Mittleren und Fernen Osten bereist [...], wird bald merken, daß die eigentliche Grenze nicht zwischen den geographischen Zonen Europas und Asiens verläuft, sondern zwischen den Kulturkreisen der Bibel (einschließlich des Islam) und den Kulturen des Ostens, und daß diese geistige Grenze weder mit dem Wirtschaftssystem noch mit der Rasse noch mit der Sprache, sondern einzig mit der religiösen Einstellung etwas zu tun hat." Zu fragen bleibt allerdings, ob die Bibel für die Fehler des Kulturkreises, in dem sie angekommen ist, verantwortlich gemacht werden darf. Die Bibel hat keine Kultur geprägt, wohl aber die jeweilige Kultur ein bestimmtes Bibelverständnis. In der katholischen Kirche wurde die Bibel lange Zeit

allem im Religiösen liegen müsse. Nach dem bisherigen kann es nicht verwundern, wenn es gerade der Dichter Hebbel ist, der, in seinen Dramen sonst sosehr mit den Wirrungen der menschlichen Gesellschaft befasst, mit einigen seiner Gedichte in eine solche Richtung vorstößt. So im folgenden Gedicht mit dem Titel „Auf das Tier“:[80]

Du bist der arme Caliban der Welt,
Du hast dem Menschen jede Frucht gezeigt,
Die auf der Erde Mark und Saft enthält,
Und dich ihm stumm, als deinem Gott geneigt,
Dir dankt er's selbst, daß er die Quelle kennt,
Worin er sich den Leib verjüngen kann,
Doch seit ihm deine heil'ge Leuchte brennt,
Verhängt er über Dich den Todesbann,
Und das Geschöpf, das gleich verloren war,
Wenn Du es nicht geleitet durch die Nacht,
Bringt dir den Dank durch alle Martern dar,
Wozu der Trieb in seiner Brust erwacht.

Wenn mit der verjüngenden Quelle die Fortpflanzung und mit der heil'gen Leuchte die Liebesleidenschaft gemeint sein sollte, dann spannt sich hier wiederum, bis in die Formulierungen hinein, der Bogen zum Hohen Lied. Der Hinweis auf jede Frucht, die Mark und Saft enthält, bezieht auch die Pflanzenwelt mit ein, auf diese Weise an den Paradiesgarten erinnernd.

---

nur von einflusslosen Mönchen gelesen und als die Massen endlich anfingen, sich für die Bibel und ihre Inhalte zu interessieren, war Europa längst das, als was es sich heute darstellt.

[80] Text nach: Karl Zeiß (Hg.): Hebbels Werke I, 109.

Sodann ist das eigentliche Hauptthema des Gedichts der tierische Instinkt, der auch nach Schellings Naturphilosophie das Göttliche im Tier darstellt.[81]

5. Die biblischen Dramen von Paul Heyse

a) Die Weisheit Salomos (Schauspiel in Fünf Akten)

Es ist immer wieder reizvoll, sich mit weniger bekannten Schriftstellern auseinanderzusetzen, bei denen auch nur Wenige dreinreden können. Schon von Paul Heyse (1830-1914) gehört? Dem ersten deutschen Schriftsteller, der als Dichter 1910 den Nobelpreis empfing (nach Mommsen als Historiker 1902 und Eucken als Philosoph 1908)? War vielleicht mal von seinen italienischen Novellen und der damit verbundenen Falkentheorie die Rede? Doch „Die Weisheit Salomos" scheint nun wirklich ganz unbekannt zu sein. Dieses Drama Heyses zeigt sich fast als der unmittelbare poetische Widerschein der erwähnten Exegese Ewalds. Auch Heyse hält sich zuerst an die dramatischen Aspekte der Dichtung und nimmt die Anspielungen auf König und Hof mehr von ihrer satirischen Seite.[82] Er empfindet jedoch das Bedürfnis, diese Aspekte durch Einbindung weiterer Bibelstellen zu ergänzen. Das allgemein-menschliche Thema, das sich durch Heyses Drama durchzieht, ist der Neid, mit all seinen Gefahren und der Möglichkeit seiner Überwindung. Auch dieser wird sowohl von seiner persönlichen wie politischen Bedeutung her genommen. Letzteres geschieht vor allem durch Anspielungen auf Formen des Antisemitismus zu seiner Zeit. Heyse musste

---

[81] Vgl. Schelling: SW I/6,468: „Es hat einen tiefen Grund in der Natur, daß die Alten die Divinationsgabe vorzüglich den Thieren zuschrieben [...]". Hebbel hat auch in einem titellosen Gedicht („Schau ich in die tiefste Ferne meiner Kinderzeit hinab, / steigt mit Vater und mit Mutter auch ein Hund aus seinem Grab") den Hund der Familie verewigt und in einem seiner letzten Gedichte, „Der Brahmine", einen kranken Brahminen geschildert, der lieber den Tod in Kauf nimmt als irgendeine andere Kreatur mit seinem Schicksal tauschen zu lassen. Zu Hebbels Verhältnis zu Tieren vgl. auch H. Stolte, Von der liebenden Ehrfurcht. Friedrich Hebbel und die Tiere, in: ders., Im Wirbel des Seins, 225-247.

[82] Vgl. auch Elisabeth Birnbaum: „Just call me Salomo?", in: Schönhorst-Schwienberger, Das Hohelied im Konflikt, 233-264, hier 251, zu Hld 3,6-11: „Entweder es handelt sich dabei um eine Art Spottlied, das die Frau oder ihr Geliebter auf Salomo anstimmt, oder andere – naheliegenderweise die Töchter Jerusalems selbst – bewundern Salomos Pracht, treffen damit aber nicht die Meinung der Liebenden."

sich durch diese mitgetroffen fühlen, weil seine Mutter aus dem Hause des Berliner Hofjuden Salomon Jakob Salomon stammte und er seinerseits diese Herkunft als einen wesentlichen, nicht wegzudenkenden Bestandteil seiner selbst empfand.[83] Heyse war der erste Deutsche, der 1910 als Dichter den Nobelpreis empfing. Nach seinem Tod kurz vor dem Ausbruch des 2. Weltkrieges geriet er fast vollständig in den Hintergrund der Vergessenheit.

Die Gründe können vielfältig sein. Zunächst erschwert vieles eine leichte Ein- und Zuordnung: die literarische Vielseitigkeit in Erprobung aller Gattungen, das Interesse an anderen Kulturen (allen voran die italienische, aber nicht nur), die norddeutsche und protestantische Erziehung bei späterer Niederlassung in seiner Wahlheimat, dem katholischen München, nicht zuletzt das offene Bekenntnis zur *westöstlichen* Herkunft. Im Gegensatz zu anderen Künstlern mit jüdischen Wurzeln hat es nach 1945 noch keine nachhaltig wirkende Wiederentdeckung gegeben.[84]

Das Schauspiel bezieht mehrere weisheitlich geprägte Bücher und Textstellen der Bibel mit ein und rechtfertigt es dadurch, im Titel von *der* Weisheit Salomos zu sprechen. Den Rahmen bildet die Episode vom Besuch der Königin von Saba, wie sie im Buch der Könige erzählt wird (1 Kön 10,1-13), die Handlung orientiert dagegen an dem Hohen Lied Salomos und Schulammits, entsprechend der Hirtenhypothese, nach welcher die dichtende

[83] Aus: Heyse: Jugenderinnerungen, SW III/1,4: „So bin ich also nur von der Mutter Seite ein richtiges Berliner Kind, da sie am 12. Januar 1788 als die jüngste Tochter des königlich preußischen Hofjuweliers, des ‚Hofjuden' Salomon Jakob Salomon und dessen Ehefrau Helene, geborenene Meyer (gestorben 1811) zur Welt kam." Heyses Vater war eine Zeitlang Hauslehrer von Felix Mendelssohn: „In diesem Hause lernte er meine Mutter kennen, die eine Kusine von Felix' Mutter war. Sie und ihre Schwester Marianne schlossen sich der Mendelssohnschen Familie an, als diese für Frankfurt a.M. eine Reise in die Schweiz machte. Soviel ich weiß, kam es auf dieser Reise zur Verlobung, zunächst zu einer heimlichen." (Jugenderinnerungen, 11).

[84] Auch wenn Roland Berbig: Von Halb-Asien, 136, feststellen kann: „Stabil ist auch Paul Heyses literaturgeschichtlicher Platz, gegen alles Unken und gegen die Floskel vom zu Unrecht vergessenen Autor! Seine Novellistik, die Herausgeberschaft des Novellenschatzes und schließlich der Nobelpreis haben dafür gesorgt." Ob damit schon seiner wahren Bedeutung Gerechtigkeit widerfährt, mag dahingestellt sein. Die Erwähnung des Nobelpreises erzeugt heute in der Regel überraschte Gesichter und ungläubiges Staunen.

Frau sich zwischen der Liebe des Königs und der Liebe eines Hirtenknaben zu entscheiden hat.[85]

Die weisheitliche Überzeugung Salomos in Heyses Drama greift vor allem Grundsätze aus dem Buch Kohelet auf, wie die folgende Rede des Königs an seinen vornehmen weiblichen Gast unschwer erkennen lässt (1. Akt 2. Szene: I/5,522):

Salomo: Wozu wir leben?

Stirb', so erfährst du's; früher nicht. Solang

Im Fleisch wir wandeln, lehrt uns Tag um Tag

Nur eins: daß alles eitel. Was denn ist

Der Mensch, daß er zu dauern sich vermäße?

Das Kind der Zeit, wie faßt' es Ewiges?[86]

Was heut noch ist, schon morgen ist's gewesen;

Geschlechter kommen rastlos und vergehn,

Die Erde aber bleibet ewiglich,[87]

Und auch der Menschen Höchster, Weisester,

Er läßt nicht tiefre Spuren, als das Lasttier,

Das übereilt vom Wüstenwind am Weg

Dahinsinkt, und des Flugsands Leichentuch

Deckt sein Gebein. Denn Glanz und Macht sind eitel,

Die Lust ist eitel und der Schmerz, das Gute

So wie das Böse. Den Gerechten sah ich

---

[85] Gerhard Begrich: Das Hohelied Salomos, 50, versteht einen rätselhaften Ausdruck in Hld 6,12 so: „Meines Erachtens ist Amminadiv der Name des geliebten Hirten, den ihre Seele liebt. Sulamith muss sich in ihrer Liebe entscheiden zwischen dem ‚König Salomo' und dem Hirten Amminadiv. Von dieser Schönheit und Tragik der Liebe handelt die ganze Dichtung." S. 53 versteht er den Schluss der Dichtung in 8,14 deshalb auf diese Weise: „Der Hirte Amminadiv geht an dem ummauerten Garten des Königs vorbei, für den sie, Sulamith, sich entschieden hat, und möchte noch einmal ihre geliebte, wunderbare Stimme hören [...]." Nach einer anderen Deutung handelt es sich jedoch nicht um verschiedene Personen, sondern um unterschiedliche Metaphern für ein und dieselbe Person.

[86] Diese und die vorhergehende Frage scheinen die verwunderte Frage von Ps 8,5 aufzugreifen und dann mit dem Skeptizismus eines Kohelet zu verbinden.

[87] Dieses für uns längst erschütterte Vertrauen in die Ewigkeit der Erde fußt auf Koh 1,4, dem ersten Vers des Eingangsgedichtes 1,4-11.

Gebeugt vom Unglück und den Gottvergessnen
In Freuden leben.[88] Da bedünkte mich,
Es sei auch eitel, nach der Weisheit trachten,
Und schrie zu meinem Gotte: Herr mein Gott,
Ist es nicht besser, nie das Licht zu schau'n
Als Jegliches, was es bescheint, erkennen
In seiner Nichtigkeit?[89]

„Eitelkeit" entspricht der zu Heyses Zeit üblichen, von der Vulgata beeinflussten Übersetzung dieses berühmten Lieblingswortes bei Kohelet, angefangen von dem mottoartigen Vers Koh 1,2. In modernen Übersetzungen wie der EÜ findet man oft statt Eitelkeit den Ausdruck „Windhauch". Doch auch dieser ist mittlerweile sehr eingefahren. Abgesehen davon, dass Windhauch nicht einmal besonders schön klingt und zu hässlichen Assoziationen einlädt – eine schwerhörige Gottesdienstbesucherin will einmal „Wildsau, alles ist Wildsau" verstanden haben – bleibt auch die Frage, ob er allen Aspekten der Verwendung gerecht wird. Windhauch betont vor allem den Aspekt der Flüchtigkeit und des raschen Verwehtseins. Aber bei Kohelet scheint noch oft der Aspekt des Aufgeblähtseins, des falschen Scheins hinzukommen, ja zuweilen sogar die positive Nuance der Kostbarkeit (etwa der Jugendzeit). Hier sollte der freien Phantasie bei Wiedergaben noch einmal Tor und Tür geöffnet werden. Meinesteils bin ich einmal bei dem idiomatischen Ausdruck „heiße Luft" hängen geblieben, der bei der Mehrdeutigkeit solcher Redewendungen eine

[88] Dieser Gedanke schließt sich eng Koh 8,14 an. Auch die Antwort, die Salomo sich wenig später bei Heyse gibt, klingt an Koh 8,15 an:
„Wir sollen fröhlich sein / In unsrem Tun, uns freu'n des guten Tags, / Bemüht, den bösen auch für gut zu nehmen. / Was lieblich ist, ob es auch eitel wäre, / Genießen wir's, denn dies ist unser Teil; / Was drüber ist, hat Gott sich vorbehalten." (1. Akt 2. Szene, I/5, 523).

[89] Dieser trübe Schlusssatz dürfte auch von Texten wie Ijob 3 veranlasst sein, worin Ijob den Tag seiner Geburt verflucht. Diese Dialogrede führt beispielhaft vor, wie das ganze Drama in der Sprache der Bibel lebt, ohne je ganz wörtlich zu zitieren.

ganze Reihe von Aspekten abzudecken vermag.[90] An Kohelet angelehnt ist bei Heyse der Hinweis auf die in zyklischem Wechsel immer Gleiches wiederholende Zeit, das gleiche Schicksal von Toren und Weisen wie Reichen und Armen, die Unglaubwürdigkeit eines automatisch wirkenden Tun-Ergehn-Zusammenhangs, jeweils unterstützt jedoch durch das selbstgefundene, freilich der Wüstenlandschaft entlehnte poetische Bild eines vom Flugsand bedeckten Lasttieres.

Dieser resignierte Weisheitsschluss soll am Ende seine Grenze an der Erkenntnis des Hohen Liedes finden: die Liebe ist stark wie der Tod.[91] Der freien Phantasie des Dichters entspringt die aus enttäuschter Liebe erwachsene Rachsucht der Königin von Saba, die Balkis genannt wird. Die Weisheit Salomos stellt sie auf eine harte Probe, indem sie seiner aufgeflammten Liebe zur Tochter eines Untergebenen, die sich bereits heimlich einem Hirtenknaben verlobt hat, Nahrung gibt. Nach dem Hohen Lied der Liebe heißt diese Tochter auch in Heyses Drama „Sulamith".[92]

Das Schauspiel kommt ohne jedes Blutvergießen aus, obwohl Möglichkeit und Nähe des Todes mehrmals heraufbeschworen wird. Es verzichtet auch sonst auf alle gewaltsamen Effekte, trotz der Schrecken einer am Rande lauernden strengen Rechtsprechung.

---

[90] Bemerkenswert ist auch die in ihrer Knappheit unübertroffene Übersetzung Bubers von Ende Koh 1,2 mit: „alles ist Dunst." (Martin Buber: Die Schriftwerke, 389.) Wir spüren den Vorgang des allmählichen Verdunstens und der Selbstauflösung in Nichts, aber auch die Verschleierung des klaren Blicks; warum nicht auch, wie beim Dünsten in der Kochkunst, das Verströmen betörender Düfte!

[91] Dieter Böhler: Das Hohelied und die Tochter Zion, in: Schwienhorst-Schönberger (Hg.): Das Hohelied im Konflikt, 205, meint mit Blick auf Hld 8,6, dass damit "schließlich die im ganzen Büchlein besungene Liebe nicht ohne Anspielung auf den Dornbusch und die Namensoffenbarung als [...] ‚Flamme Jhwhs'" identifiziert werde. „Dann wäre das Lied vom Suchen und Finden von Braut und Bräutigam zugleich ein Rätsellied über die nie endende Liebe zwischen Gott und seinem Volk, das Gegenstück zu den Klageliedern, eine Parallele zu Ps 45." Er gibt allerdings selber zu, dass der bereits von Augustinus festgestellte rätselhafte Charakter des Hohen Liedes auch damit noch lange nicht aufgelöst wäre. Tatsächlich ist es ja nicht das Volk, dem Gott im Dornbusch begegnet, sondern Mose, der einen besonderen Auftrag an das Volk erhält, der Auseinandersetzungen mit anderen Völkern und ihren Herrschern nicht ausschließt. So stellte sich die Frage nach dem Auftrag des Hohen Liedes. Spricht hier ein weiblicher Mose bzw. eine zweite Mirjam, die in eine neue Freiheit hineinführen will? Tatsächlich soll die äthiopische Legende von Kebra Negast zum Auslöser der „Rastafari" genannten Befreiungsbewegung geworden sein. Vgl. U. Kleinert, Königin von Saba, 127.

[92] So die Schreibweise bei Heyse. In der EÜ, entsprechend den Loccumer Richtlinien: „Schulammit".

Das Drama besitzt mit seinen fünf Akten einen klaren Aufbau, dem eine wirre Verwicklungsgeschichte die Waage hält. Der erste Akt bietet eine großartige Exposition, die selbst wie ein kleines Drama ausfällt, durch welches König Salomo bereits zu einer ersten Demonstration seiner Weisheit veranlasst wird. Ein Untergebener des Königs begeht in übereifriger Ausführung seines Auftrags einen Verstoß gegen das Gastrecht, indem er einen Feldherrn aus dem Gefolge der Königin Balkis, der sich an den sorgsam behüteten Früchten vergreift, durch Schlag am Arm verletzt. Der offensichtlich nur leicht verletzte Feldherr fordert von König Salomo gleich das „Haupt", also die Hinrichtung des Schuldigen. Salomo entgegnet ihm daraufhin, dass nach dem Recht seines Volkes der Grundsatz gelte „Aug' um Auge, Zahn um Zahn", um übertriebene Vergeltungsforderungen abzuwehren (1. Akt 3. Szene: 1/5,528-529):

Salomo. Wohl. Jedes Land hat eigne Sitt' und Brauch.

Wir lassen nicht sofort das Haupt entgelten,

Was eine allzu rasche Hand gefehlt,

Eh noch der Kopf sich recht besinnen konnte.

Drum stelle deine Ford'rung mäßiger,

Und was du heischest, soll dir werden.

Ben Isbah. Nun denn,

So fordr'ich seine Hand.

Salomo. Die Hand?

Ben Isbah. Sie werde

Vom Rumpf getrennt den Hunden vorgeworfen

Zum Fraß.

Sulamith (stößt einen halberstickten Schrei aus). O Vater!

Salomo. Bleibst du bei der Forderung?

Ben Isbah. Ben Isbahs Zunge hat nur eine Rede.

Salomo. Ist dies in deinem Reich, o Königin,

Gesetz und Recht?

Königin. Es ist. Du aber fälle

Den Spruch nach deiner Weisheit wie es Rechtens

In deinem Land, drin wir nur Gäste sind.

Salomo. Nun denn: so spricht der Herr, Gott Zebaoth:

Ich bin ein eifriger und strenger Gott

Und fordre Aug' um Auge, Zahn um Zahn.

Wo Blut vergossen ward, da fließe Blut.

Wie mit einem lächelnden Augenzwinkern erteilt der Dichter Heyse den Antisemiten seiner Zeit eine Lektion, wenn er so anschaulich vor Augen führt, wie der so oft den Juden zum Vorwurf gemachte Rechtsgrundsatz in Wirklichkeit zu verstehen sei. Der Rechtsgrundsatz „Aug' um Auge, Zahn um Zahn", erfährt bei den Wiederholungen die situationsbedingte Abwandlung: „Aug' um Auge, Blut um Blut." Der damit erreichte Eindruck einer unheimlichen archaischen Strenge lässt zwar einerseits die ursprüngliche Bedeutung des Grundsatzes als Mäßigung übertriebener Vergeltungsforderung noch gut erkennen und dramatisch miterleben, schützt aber zugleich noch vor einer voreiligen Verharmlosung. Zwischen 1886 und 1888 verfasst, dürfte diese Szene mit großer Sicherheit den Berliner Antisemitismusstreit, vielleicht auch die russischen Pogrome, die zum Zionismus führten, zum Hintergrund haben.[93]

[93] In einem an Gottfried Keller nach ungefähr zweijähriger Unterbrechung des Austausches gerichteten Brief vom 14. Dez. 1888 schreibt Heyse: „Was ich sonst an dramatischen Sächlein zustande gebracht, muß man sehen, um daran zu glauben." (Max Kalbeck: Paul Heyse und Gottfried Keller im Briefwechsel, 421-422, bes. 422). Nach Anm. des Herausgebers S. 423-424 gehört zu diesen Sächlein auch „Die Weisheit Salomos". Die Formulierung des Briefes deutet daraufhin, dass Heyse in diesem Drama doch etwas anderes gesehen haben muss als ein bloßes Literaturdrama zum Lesen. Umso bedauerlicher, dass es weder auf der Bühne noch in der Literatur irgendeine Beachtung gefunden hat. In: Die Krokodile, 485, wird das Drama (zusammen mit „Der Roman der Stiftsdame") auf das Jahr 1887 datiert.

Der Leser ist noch in die bange Gespanntheit versetzt, an welche Art des Blutvergießens gedacht sei, da erklärt der König sich am Ende selbst zum Schuldigen, weil er den Befehl zu jenem Auftrag gegeben hatte, der Ursache des Konfliktes wurde (1. Akt 3. Szene: I/5, 531):

Salomon. [...] Und ihr, vernehmt den Richtspruch! Ein Vergehen
Ist hier zu sühnen an dem heil'gen Gastrecht,
Doch nur den Schuld'gen soll die Strafe treffen.
Wer aber ist der Schuld'ge? Jener Mann,
Der blindlings tat in seines Herren Dienst,
Nach seines Herrn Gebot? Sein Wille gleicht
Dem Stein nur in der Schleuder, der geschwungen
Von eines Kämpfers Hand sein Ziel erreicht.
War's frevelhaft, so komm' auf dessen Haupt
Die Buße, der dem Stein die Schwungkraft lieh,
Hier ist kein Schuld'ger, als ich selbst.

Mit welcher Selbstverständlichkeit und Schlichtheit, aber auch mit wieviel versteckter Ironie wird hier auf ein Problem von außerordentlicher Tragweite hingewiesen! Wieviel Bauernopfer verlangt die Ungerechtigkeit der Politik bis heute, selbst in noch so demokratisch verfassten Staaten! Und wie wenig Wirkung erzielen einzelne Veränderungen und Reformen, wenn das Unrecht im System auf verborgene und ungebremste Weise weiterwuchert!

Die Wirkung auf den fremden Feldhauptmann im Drama ist beachtlich genug (1. Akt 3. Szene, I/5, 531-532):

Ben Isbah. Und der Beschimpfte
Trägt seine Schmach und seine Wund' hinweg?
Ist das Gerechtigkeit in Israel?
Salomo. Kurzsicht'ger Mann! Du sollst befriedigt werden.

Fasse den Stab, mit dem dich jener schlug,

Und triff damit aufs Blut des Schuld'gen Hand.

Ben Isbah (tritt zweifelnd zurück). Des Schuld'gen?

Salomo (seine rechte Hand ihm entgegenstreckend). Diese hier. Du zauderst? Hast

Du nicht vernommen? Aug' um Auge – Blut

Um Blut?[94] Ich darf sie nicht vom Rumpfe trennen,

Als Gastgeschenk sie auf dem Heimweg Dir,

Ben Isbah, mitzugeben. Denn sie muß

Des Herrschers Stab, das Schwert des Kriegers halten.

Doch eine Wunde, welche sie empfing,

Um der Gerechtigkeit genug zu tun,

Entehrt nicht eine Königshand. Erhebe

Den Stab und schlage schonungslos. Du bist

In deinem Recht. (*Ben Isbah* steht einen Augenblick im Kampf, dann tritt er vor, zerbricht den Stab und wirft ihn dem König zu Füßen).

Ben Isbah (widerwillig bezwungen). Hier liegt mein Recht – in Stücken.

Der königliche Richter hat den Kläger

Entwaffnet und versöhnt.

Die Möglichkeit des Todes hat sich hier zum ersten Mal gezeigt und scheitert dabei an der Weisheit des Königs. Der Leser bzw. die Zuschauerin begleiten mit tiefem Aufatmen diesen unerwarteten Schluss des ersten Aktes. Welch grandiose Exposition! Was wird darauf noch folgen?

Im zweiten Akt setzen dann alle Verwicklungen ein: Der König hat sein Auge auf Sulamith, die Tochter des besagten Gärtners geworfen, nachdem sie um

---

[94] Pinchas Lapide: Ökumene, 137, führt nach Bubers Übersetzung von Ex 21,23 („Augersatz für Auge" etc.) aus, dass der Ausspruch nicht auf eine sinnlose Verdopplung des Leidens, sondern auf eine angemessene Ersatzleistung für den zugefügten Schaden abziele, nämlich „im Sinne der Geldentschädigung und des Schmerzensgeldes". Die sich wiederholenden Worte (Auge, Zahn etc.) liegen dann auf unterschiedlichen Ebenen. Ähnlich schon Martin Noth: Die Gesetze, 129 [82], Anm. 227: „Der Talionsgrundsatz [...] bringt diesen Gedanken der Ersatzleistung auf eine ebenso einfache wie drastische Formel."

dessen Leben und Unversehrtheit gefleht hat. Die Balkis genannte Königin von Saba hat sich unterdessen unsterblich in den König verliebt, beeindruckt, wie sie ist, von seiner anfangs unterschätzten Weisheit. Sulamith ist ihrerseits längst mit einem Hirtenjungen heimlich verlobt, der sie regelmäßig abends besucht. Ein an ähnliche Worte des Hohen Liedes angelehnter, aber nicht wörtlich identischer Refrain dient ihnen dabei als Erkennungszeichen (2. Akt 6. Szene: I/5,547):

Hadad (singt draußen vor der Mauer).

Unter den Zedern

Am Berge Karmel

Weidet' ich meine Schafe.

Ich tränkte meine Herde

Am Bache Kidron.

Wo weilt, die meine Seele

Speiset und tränkt?[95]

Balkis, die das Werben des Königs belauscht, sinnt auf Rache, noch weiß sie aber nicht, wie. Im 3. Akt versucht sie Sulamith an sich zu binden, um sie den Blicken des Königs zu entziehen. Als sie im vierten Akt, in dem die Intrigen aufeinanderstoßen, auf einmal die Liebe zwischen Sulamith und Hadad – so heißt bei Heyse der Hirtenknabe – entdeckt, scheint für sie der Weg der Rache gebahnt. Es ist aber eine besondere Raffinesse des Dichters, dass sich diese Rache am Ende ganz anders erfüllt, als sie sich selbst gedacht hat. Ihre ursprüngliche Absicht, beim König für die Verbindung der Liebenden einzutreten, scheitert noch einmal an der Weisheit Salomos, die in dem Fall viel eher als sophistische Schläue bezeichnet werden müsste. Er besteht nämlich auf der freien Entscheidung Sulamiths und plant doch bereits, wie er diese in seinem Sinne beeinflussen kann. Der Konflikt eskaliert, als Hadad

---

[95] Vgl. z.B. Hld 1,7; 4,8.

den Plan des Königs durchschaut und ihn daraufhin mit einem Messer anfällt (vierter Akt, 5. Szene: I/5,582). Der König weiß die Atacke in ruhiger Gelassenheit abzuwehren. Doch damit hätte der Attentäter sein Leben nach allgemeinem Recht hoffnungslos verwirkt. Sulamith wirft ihren ganzen Einfluss in die Waagschale, um beim König für das Leben des Geliebten zu flehen. Dessen Weisheit ist noch einmal herausgefordert. Er darf der Gesetzlosigkeit keinen Raum geben und möchte doch der Sulamith keine Bitte abschlagen. Sulamiths Geliebter darf leben, aber nur unter der Bedingung, dass sie ihm, dem König, statt dem Geliebten die Hand reicht. Damit der Schein einer freien Entscheidung gewahrt bleibt, wird eine Woche Bedenkzeit gewährt, die Sulamith natürlich unter dem Einfluss des Hofes zu verbringen hat.

Der fünfte Akt beginnt am Morgen der unter dem Schein der Freiwilligkeit erzwungenen Hochzeit. Hadad wird aus dem Kerker geholt und feierlich entlassen, gleichzeitig aber auch in die Verbannung geschickt. Im Augenblick des Abschieds kann Sulamith ihre Gefühle nicht mehr beherrschen, sie ruft Hadad zurück und stürzt zu ihm hin, um lieber gemeinsam mit ihm zu sterben als so von ihm getrennt zu leben. Der Plan des Königs ist damit endgültig gescheitert. Es kennzeichnet Heyses besonderen Stil, dass er im Augenblick des höchsten Konfliktes zwei ganz entgegengesetzte Sichtweisen unvermittelt und gleichzeitig aufeinandertreffen lässt. In demselben Augenblick, in dem alles auf ein tragisches Ende hinauszulaufen scheint, indem Sulamith bereit ist, mit Hadad zusammen zu sterben, während Hadad darauf besteht, allein zu sterben, in diesem Wettstreit der Opferbereitschaft zwischen den einzig wahrhaft Liebenden im Stück, tritt Balkis mit Triumphblick vor und ruft in den Bühnenraum: „Ihr Himmlischen! Ich bin gerächt!“ Mit spitzen Worten weist sie Salomo auf die Eitelkeit auch seiner Weisheit hin. Ihr Triumphieren stammt somit aus einem völlig anderen Zusammenhang, hat mit ihrer persönlichen Beziehung zu Salomo zu tun und bedeutet keine Freude über das Unglück Anderer. Vielmehr läutet ihr Verhalten eine letzte Wendung ein, da Salomo sich nun etwas einfallen lassen muss, wenn er sein Gesicht wahren will. Dieser gewinnt denn auch nach einem kurzen Akt der Selbstüberwindung seine Fassung zurück, und lässt mit gespielter Entrüstung, indem er sich auf seine bessere Weisheit besinnt, Hadad unverzüglich festnehmen. Er tut dies aber nicht, um ihn zu Gefängnis und Hinrichtung zu verurteilen, sondern, um ihm überraschenderweise seinen Bräutigamsmantel umzuhängen, damit er statt seiner mit Sulamith verheiratet wird. Balkis bittet er, einem früheren Versprechen treu zu bleiben und den neuen Bräutigam so weit auszustatten, dass er in der Lage ist, für den Vater von Sulamith einen akzeptablen Schwiegersohn abzugeben.

Der weise König muss anerkennen, dass er vom neuen Brautpaar noch etwas lernen konnte (5. Akt 5. Szene: I/5, 596):

Salomo. […] Was sie uns lehrten, ist's nicht köstlicher,

Als alle Schätze: daß nicht alles eitel?

Daß es ein Ew'ges gibt im Wandelbaren:

Die Liebe, die da stärker als der Tod,

Die nicht der Hölle Pforten überwinden?

Damit steuert dieses Drama an seinem Höhepunkt auch auf das Zitat des berühmtesten Verses aus dem Hohen Lied zu, der aber hier in einem ganz besonderen Zusammenhang erscheint.

Sich von der zur Heimkehr rüstenden Königin Balkis verabschiedend, gibt er ihr einen Wunsch und eine Bitte mit auf den Weg (5. Akt 5. Szene: I/5, 596):

Salomo. Doch wenn Du heimgekehrt, so möge dort

Auch deiner harren ein nicht eitles Glück,

Das über Zeit und Tod unwandelbar

Dein Herz mit Wonne füllt. Dann denk des Freundes,

Der heut von neuem lernte: fremder Freuden

Sich neidlos freun ist aller Weisheit Krone.

Dieser Abschied ist zugleich mit Blick auf die Beziehung der durch die beiden Herrscher vertretenen Völker ein offenes Ende. Eine heimliche Selbstironie könnte auch in diesen letzten Versen mitschwingen, war doch kaum ein anderer Literat je so beneidet wie seinerzeit Paul Heyse. Zugleich dürfte auch dies sehr wohl an die Adresse des damals neuerstarkten und wie so oft vom Neid auf den Aufstieg des emanzipierten Judentums diktierten Antisemitismus gerichtet sein. Bei aller Zurückhaltung ist dieses Drama vielleicht Heyses stärkstes Sympathiebekenntnis zum Judentum, mit dem er durch die Abstammung seiner Mutter verbunden war. Freilich macht er auch deutlich, dass es für ihn als liberalen Schriftsteller besonders die neutralen Weisheitstraditionen sind, mit denen er sich am leichtesten identifizieren kann. Dabei gelingt ihm mit den Mitteln der Dichtung eine intertextuelle Lesart, wie sie von der Exegese bei aller Bemühung nur selten erreicht wird. Die von Heyse gezogene Verbindung zwischen dem Hohen Lied und Kohelet hat manche Einsichten der Exegese auf ihrer Seite.

In der wunderbar geschlossenen und wie aus einem Guss bestehenden Dichtung wechseln auf kunstvolle Weise die klassischen Blankverse Shakespeareschen Zuschnitts mit Versen in freien Rhythmen. Dabei hat man den Eindruck, dass die freien Rhythmen vor allem die Ausdrucksweise der Königin Balkis und ihres Gefolges kennzeichnen, während die Blankverse für die geordnete und gesittete Welt des salomonischen Hofes stehen. Jedenfalls verleiht dieser unbeschwerte Wechsel der Dichtung etwas Leichtes und Fließendes. Eigentlich gibt es in dem Stück keinen einzelnen Helden. Der eigentliche Held ist die aufrichtige Liebe zwischen Sulamith und dem Hirtenknaben Hadad, die allen Intrigen standhält, sowie das Leben, das durch die Verknüpfung der Zufälle zu einer unerwarteten Lösung des

Konflikts führt. Im übrigen aber erweist sich alles Andere als „eitel", am meisten aber ein veräußerlichter Heroismus, den Heyse hier wie auch in seinen meisten anderen Werken in seine Schranken weist.

Bei aller scheinbaren Abstraktheit ist das Stück mit seinem Weisheitswettstreit wie eine Parabel des menschlichen Lebens selbst, in dem alles vorkommt, was es nur ausmacht. Heyses Salomo erscheint wie ein aristophanischer Held, an dessen Beispiel die Grenzen der menschlichen Weisheit aufgezeigt werden, jedoch nicht eher, als nachdem sie ihre besondere Stärke demonstrieren konnte. Das von Heyse als Schauspiel bezeichnete Stück trägt gewiss auch komische Züge an sich, die zwar nirgendwo zum lauten Lachen reizen, doch mehrmals zu einem inneren Schmunzeln verleiten, wenn der Zuschauer oder die Leserin von den Zusammenhängen mehr wissen und ahnen als die jeweils auftretenden Personen. Sie treten damit aus der rein passiven Rolle des Wahrnehmens heraus. Das wissende Bewusstsein, das er oder sie den auftretenden Personen voraushat, wird selbst zum Bestandteil des Dramas, weil viele Einzelheiten erst dadurch ihren eigentlichen Sinn erhalten. Was ein späterer Theoretiker mit der Bezeichnung des epischen Dramas belegt hat, scheint hier bereits auf sehr organische Weise verwirklicht zu sein.[96]

Die Aufforderung zu Neidlosigkeit, mit der sich Salomo von Balkis verabschiedet, ist zugleich an das Publikum gerichtet. Das Drama hört nicht auf der Bühne auf, sondern findet im Leben der Anwesenden seine Fortsetzung. Auch bei Heyse setzt dies eine gewisse „Desillusionierung"

---

[96] Das Heysesche Drama kommt dabei ohne übermäßige epische Verbreiterung aus und scheint doch ein ähnliches Ziel zu erreichen. Zum Gemeinschaftsaspekt des Brechtschen Dramas vgl. L. Rinser: „Alles deutet daraufhin, daß Brechts Forderung nach dem Mitdenken statt dem Einfühlen die einzig zeitgemäße ist. Ebenso richtig und noch viel zu wenig begriffen ist die daraus resultierende dringliche Forderung, daß jeder Theaterabend eine Gemeinschafts-Erfahrung sei. Für Brecht war es keineswegs eine Störung, wenn bei einer seiner Aufführungen gepfiffen wurde oder wenn Zwischenrufe zu hören waren oder Änderungen verlangt wurden. Für ihn waren dies die erwünschten Zeichen der echten, der denkenden Teilnahme." (L. Rinser: Bertolt Brecht, in: dies.: An den Frieden glauben, 99-184, hier: 177-178.)

gegenüber der auf der Bühne nur inszenierten glücklichen Hochzeit voraus.[97] Es setzt sich hier die Desillusionierung fort, die zum ersten Mal bereits einsetzt, wenn dem Zuhörer der ursprüngliche Hintergrund israelitischen Rechtsdenkens zu Bewusstsein gebracht wird. In Heyses Terminologie müsste man wahrscheinlich in Entsprechung zu seiner Novellentheorie statt von Desillusionierung von der Silhouette reden, durch die allgemeinere Verhältnisse zeichenhaft hinter dem äußerlich Dargestellten angedeutet werden.[98]

Die einzelnen Charaktere sind scharf herausgearbeitet: der König Salomo, den seine Weisheit vor keiner menschlichen Schwäche bewahrt, sondern immer nur hilft, sich wieder neu aus der Affäre zu ziehen; die Königin Balkis, die trotz Neigung zu Eitelkeit und Eifersucht, einen im Grunde gutmütigen Charakter besitzt; Sulamith, die unbeirrt der Stimme ihres Herzens folgt; Hadad, der ganz seiner Leidenschaft hingegeben ist; Saphat, der Vater Sulamiths, der als Gärtner des Königs ganz nur für seine Pflanzen und Pflichten lebt; Ben Isbah, der Feldhauptmann der Königin, der das reizbare, aufbrausende Element eines arabischen Volkstammes verkörpert.

In gewisser Weise spielt sich das Drama auf drei Ebenen ab. Da ist einmal die mythisch-märchenhafte Ebene des Wettstreits zwischen den beiden königlichen Personen, dann die allgemein-menschliche Ebene, auf der Sulamith und Hadad um ihre Liebe kämpfen, zuletzt die allgemein-politische Ebene, auf der es um das geplante Bündnis zweier Völker geht. Alle drei Ebenen könnten auch ihren Anhalt am Hohen Lied haben. Die ersten beiden

---

[97] Zur Desillusionierung als Stilmittel des „epischen Dramas“ vgl. Rinser, Bertold Brecht, in: dies.: An den Frieden glauben, 99-184, hier: 173: „Das Brechtsche Theater aber will desillusionieren. Es will, ohne naturalistisch zu sein – im Gegenteil, gerade im Verzicht auf alles Naturalistische -, die wahre Realität zeigen, gleich dem chinesischen Theater, von dem Brecht ungemein viel gelernt hat. Die Art des Mitgehens der Zuschauer soll nicht Einfühlung sein, sondern Mit-Denken, Mit-Arbeiten, Kritik. Darum muß das neue Theater auf alle Mittel der Verzauberung verzichten, auf alle Kulissen-Magie, auf Stimmung erzeugende Beleuchtungs-Effekte, auf das hinreißende, hypnotische Pathos der Schauspieler; es muß nackt und nüchtern sagen und zeigen, was zu sagen und zu zeigen ist.“

[98] P. Heyse: Beiträge zur Novellentheorie, Anhang von: Ders.: L'Arrabiata, 79, nennt als Maßstab einer guten Novelle: „daß man sich fragen müsse, ob die zu erzählende kleine Geschichte eine starke, deutliche *Silhouette* habe, deren Umriß, in wenigen Worten vorgetragen, schon einen charakteristischen Eindruck mache [...].“ (Kursiv wie im Original).

Ebenen entsprechen, nur mehr ins Abstrakte übersetzt, dem Stadt-Land-Gegensatz und was die dritte Ebene betrifft, wurde schon erwogen, inwieweit sich die Beziehungsthematik des Hohen Liedes auch auf die kollektive Ebene übertragen lässt. Man könnte auch sagen, es sind bei Heyse nicht einzelne Charaktere, die gegeneinander auftreten, sondern unterschiedliche Lebensentwürfe mit ihrem jeweiligen sozialen Umfeld.

Dass Balkis und ihr Gefolge ausdrücklich in den Anweisungen als arabisch bezeichnet werden, erscheint vor den zur Zeit endlos sich hinziehenden politischen Schwierigkeiten im Land Israel, aber auch vor einem Großteil von arabischstämmigen Migranten in Europa als besonders aufregend und würde bei einer heutigen Aufführung genug Möglichkeiten zu aktuellen Anspielungen bieten. Auch erhält diese Ebene im Drama einen offenen Schluss, der das Drama vor einer oberflächlichen Idylle bewahrt. Als Balkis glaubt, die Hochzeit zwischen Sulamith und dem König nicht mehr verhindern zu können, lässt sie zu einer raschen Abreise rüsten. Von dem Bund zwischen beiden Völkern, an den Salomo sie erinnert, meint sie (5. Akt 4. Szene: I/5, 591):

Balkis. Es war ein tör'chter Traum.
Nicht gleichen Göttern dienen wir. Die meinen
Sind eifersüchtig. Darum will ich heim,
Mit Opfer und Gebet sie zu versöhnen.

Vielleicht schwingt auch hier wieder eine heimliche Ironie mit, wenn die so oft den Juden zum Vorwurf gemachte göttliche Eifersucht gerade auf der Gegenseite festgestellt wird. Historisch ist es wahrscheinlich gar nicht unzutreffend, dass die Eifersucht Gottes, die auch in der Bibel ihre Spuren hinterlassen hat, ohne dass sie dabei stehen geblieben wäre, ein allgemein religionsgeschichtliches Phänomen darstellt und selbst innerhalb der griechischen Mythologie im Verhalten der Hera ihren Platz zugewiesen bekommt.

Gerade vor dem Hintergrund der allgemeinen exegetischen Gegebenheiten und Fragestellungen des Hohen Liedes ergeben sich ganz eigenartige Bezüge zu Heyses Dichtung. So wird der kulturelle Gegensatz, im Hohen Lied möglicherweise durch die unterschiedliche Beschreibung der Liebenden angedeutet, bei Heyse auf die spannungsgeladene Beziehung zwischen Salomo und Balkis übertragen, deren Volk als arabisches dargestellt wird, mit versteckten Hinweisen auf den späteren Islam. Denn auch im Koran wird die Begegnung zwischen Salomo und der Königin von Saba erzählt, die damit endet, dass sich die Königin zum Eingottglauben bekehren lässt.[99] Den Namen Balkis hat Heyse aus einer islamisch-arabischen Tradition außerhalb des Korans aufgenommen, was seine ungewöhnliche Informiertheit auf diesem Gebiet belegt.[100] Der Wettstreit zwischen König Salomo und der Königin von Saba geht wohl auf eine Talmuderzählung zurück, die auch im Koran ihre Spuren hinterlassen hat. Die Liebesbeziehung zwischen Salomo und der Königin von Saba, die Heyse einseitig von seiner Balkis ausgehen lässt, könnte sich auf äthiopische Legenden stützen, nach denen das äthiopische Volk, vor allem aber dessen Königshaus, auf Nachfahren eines gemeinsamen Sohnes zurückgeht. Das Nationalepos Kebra Negast, das der Königin den Namen Makeda gibt, erzählt die dazugehörige Geschichte.[101] Das äthiopische und eritreische Christentum, wie uns eritreische Flüchtlinge

---

[99] Vgl. Der Koran. Übersetzt und kommentiert von Adel Theodor Khoury, 365, Amn. zu Sure 27, 20-44: „Auch in der *Bibel*: 1 Könige 10,1-13 wird vom Besuch der Königin von Saba bei Salomon erzählt. Außerdem gibt es zur koranischen Erzählung Parallelen in der jüdischen Literatur: *Targum sheni* zu Esther (1,3)."

[100] Ulfried Kleinert: Das Rätsel der Königin von Saba, 96: „Zieht man Kommentare und Erzählungen muslimischer Gelehrter aus der Zeit seit dem 9. Jahrhundert zusammen [...] erfahren wir über die Königin u.a. folgendes: Die Königin hat einen Namen. Bilqis heißt sie oder – mit demselben Konsonantenbestand – gelegentlich auch Balqis oder Balqama beziehungsweise Balmaqa. Über die Herkunft dieses Namens gibt es viele Spekulationen, aber keine allgemein überzeugende Antwort."

[101] U. Kleinert: Das Rätsel der Königin von Saba, 40-43, beschreibt, wie schon früh damit begonnen wurde zwischen der Königin von Saba und dem Hohen Lied eine Verbindung herzustellen. Sie konnte ihre Rechtfertigung u.a. aus der Selbstbeschreibung der Frau als schwarz beziehen, die sie als Fremde erscheinen lässt. Kleinert, 41: „So gilt, was Mann und Frau einander im Hohen Lied sagen, nun für die Begegnung Salomos mit der dunkelhäutigen Königin aus dem Süden."

bewusst machen, hat bis heute jüdische und muslimische Traditionen bewahrt wie das Verbot, Schweinfleisch zu essen, oder das Gebot, beim Betreten einer Kirche die Schuhe auszuziehen.[102] Auch das Neujahrsfest scheint im September, also in der Nähe zum jüdischen Rosh-ha-Shanah, begangen zu werden.

Es ist dabei der Hinweis Hans-Otto Horchs mit zu berücksichtigen, dass der sprachbegabte Heyse offensichtlich auch Hebräisch gelernt hat.[103] Unter den andern Namen des Dramas könnte noch der Name Hadad als Name für Sulamiths Geliebten bedeutsam scheinen. Hadad als Name des assyrischen Wettergotts ist in der Bibel nie der Name eines Israeliten, sondern immer nur eines Vertreters der Nachbarvölker, besonders der Edomiter.[104] Vielleicht hat Heyse vorallem an jenen edomitischen Königssohn gedacht, der als Gegner Salomos figuriert (1 Kön 19,14-23). Dessen Flucht nach Ägypten könnte Heyse vielleicht zu dieser Namenswahl veranlasst haben, zumal er dort die Schwester der Frau des Pharaos heiraten kann.

Darüber hinaus nutzt Heyse auch die Gelegenheit, Botschaften an die Antisemiten seiner Zeit zu senden. Damit ist doch indirekt auch die pseudoepigraphische Tendenz des Hohen Liedes mit im Spiel, wie sie zuerst Grätz ausgesprochen hat, wonach die Dichtung auch Zeugnis gibt von den Schwierigkeiten einer Integration in die fremde Kultur der hellenistischen Ptolemäer, und dem quasi verzweifelten Versuch, trotzdem an dem eigenen religiösen Bekenntnis festzuhalten.

Paul Heyse scheint von deutschsprachigen Juden noch nicht entdeckt worden zu sein. Er bleibt in dieser Beziehung seiner Rolle, zwischen allen

---

[102] U. Kleinert: Das Rätsel der Königin von Saba, 122: „Es ist eine beeindruckende Geschichte, die im Kebre Negast [sonst überall beim selben Autor Kebra Negast geschrieben, Druckfehler? A.R.] [...] mit Worten des Alten und Neuen Testaments aufgezeichnet ist. In ihr wird Äthiopiens stärker als anderswo von jüdischen Traditionen geprägter christlicher Glaube ausgedrückt – der Glaube des Landes, das seit König Ezana im 4. Jahrhundert n. Chr. christlich wurde und deshalb mit Armenien und Georgien zu den ältesten christlichen Ländern der Menschheit gehört."

[103] Vgl. Hans-Otto Horch: Jüdische Spuren, in: Berbig / Hettche, Paul Heyse, 207.

[104] Vgl. Eintrag „Hadad", in: Rienecker / Maier, Lexikon zur Bibel, Sp. 624.

Stühlen zu sitzen, weiterhin treu. Wie weit dieses Drama, das so frühzeitig ins Neuhebräische übersetzt wurde,[105] im heutigen Israel noch eine Rolle spielt, ist mir nicht bekannt. Man könnte es sich trefflich auf einer Freilichtbühne, wie dem neuausgegrabenen Amphitheater zu Sepphoris, aber auch hierzulande an einer freien Volksschaubühne, wie der von Öttigheim mit ihrer passenden Kulisse, gut vorstellen. Das Stück ist insofern dankbar, als prachtvolle Volksszenen mit spannungsgeladenen Dialogen abwechseln. Der Regisseur hätte allerdings die nicht ganz einfache Aufgabe, bei aller äußeren Handlung den im geistig-seelischen Bereich verankerten Konflikt als solchen deutlich herauszustellen.

b) Maria von Magdala

Die Wahl der dramatischen Form für „Die Weisheit Salomos“ gab Heyse die Möglichkeit an die Hand, die Spannung zwischen Liebe und Tod, wie sie im Hohen Lied angedeutet wird, in einer äußeren Handlung sichtbar hervortreten zu lassen. In sehr eigentümlicher Weise wird eine solche Spannung durch den Bezug zum neutestamentlichen Ostergeschehen in einem weiteren Drama gesteigert: in seiner „Maria von Magdala“.

Heyse hatte damit das „Glück“, einen Skandal zu erregen, der ihm eine unverhoffte Aufmerksamkeit, sowie die Solidarität vieler Schriftsteller, die ihn schon abgeschrieben hatten, zurückzugewinnen sollte. Dieses mehr äußere Interesse ging an der eigentlichen Absicht des Dramas natürlich vorbei. Wie in „Die Weisheit Salomos“ das Thema des Neides so wird hier dasjenige von Treue und Verrat in allen Schattierungen psychologisch durchgespielt.

Den Bezug zum Hohen Lied hatte ja innerhalb des NT bereits das Johannesevangelium vorgegeben, auch wenn es alles andere als selbstverständlich für einen säkularen Schriftsteller ist, diese Anspielungen zu erkennen. Obwohl Heyse die Beziehung zwischen Maria von Magdala und

---

[105] Sol Liptzein / Konradt Feilchenfeldt: *Art.* Heyse, Paul, in: Encyclopaedia Judaica 9,87 Sp. 1-2: "A Hebrew Translation of Heyse's drama *Die Weisheit Salomons* [sic] was published by S.L. Gordon (1896)."

Jesus zuerst menschlich-persönlich und nicht allegorisch versteht, verleiht er ihr doch dabei eine weiterreichende Bedeutung in ganz anderer Hinsicht. Er lässt von Jesus etwas ausgehen, was die durch die Vorurteile der Gesellschaft und die Nachstellungen von Männern unterdrückte Frau befreit und zum Bewusstsein ihrer selbst bringt. Heyse hat zu seiner Zeit die Bewegung der Frauenempanzipation und vor allem den Anspruch der Frauen auf gleiche Bildung unterstützt. Er hat dabei keine sich aus eigner Kraft über alle Grenzen hinwegsetzende Heroine dargestellt, wie etwa Ludwig Tieck in der „Vittoria Accorombona", sondern mehr die Konsequenzen für den Alltag durchbuchstabiert. Als Wirkung des Christentums hat er schon einmal in einem Frühwerk eine solche Befreiungsgeschichte in dem in klassischen Hexametern gehaltenen Epos „Thekla" behandelt. Nach seinen Jugenderinnerungen war es der jüdische Gelehrte und Philologe Jakob Bernays, der ihn auf die zugrundeliegende christliche Legende aufmerksam machte.[106] In der Novelle „Die Ärztin" (IV/3,487-580) berührt Heyse bereits die leider immer noch aktuelle Problematik einer ungleichen Bezahlung bei gleichen Berufen,[107] warnt jedoch auch vor den mit der möglichen Einführung des Frauenwahlrechts verbundenen Gefahren politischer Manipulation (496-498).

Was die Gestalt der Maria von Magdala betrifft, lässt Heyse jedoch nicht von der volkstümlichen Tradition ab, alle Geschichten, die im NT von anonymen Frauen erzählt werden (Ehebrecherin; „Sünderin", die Jesus die Füße salbt), mit ihr in Verbindung zu bringen. Er geht mit dieser Tradition jedoch so frei

---

[106] P. Heyse: Jugenderinnerungen, SW III/1,139, schreibt von „dem epischen Gedicht ‚Thekla', dessen Stoff ich meinem Freunde Jakob Bernays verdankte. Er hatte mir die Legende von Paulus und Thekla in einem lateinischen Legendenbuch nach Rom geschickt und mir die Bearbeitung ans Herz gelegt. Zunächst ging ich mit lebhaftem Eifer daran, wagte freilich nicht, die Gestalt des großen und größten Apostels in meiner Dichtung erscheinen zu lassen, und schob ihm einen apokryphen Tryphon unter."

[107] So lässt sich die Ärztin auf S. 533 ihrem Gesprächspartner gegenüber vernehmen: „Ich merkt' es an ihrer [einer vornehmen Patientin, A.R.] Miene, sie hatte keine Ahnung, daß ich durchaus im Recht war, mir die Konsultation, an die sich ja keine weitere Behandlung knüpfen konnte, genau so honorieren zu lassen, wie jeder meiner männlichen Kollegen, wenn ich meine Praxis auch nicht im zweispännigen Wagen ausübe. Oder wären Sie auch der Meinung, Frauenarbeit müsse schlechter bezahlt werden als Männerarbeit, obwohl wir genau so viel Geld und Zeit auf unsere Studien verwenden müssen?"

um, dass er sie nicht als sittenlose Ehebrecherin darstellt, sondern als das Opfer eines ungerechten Schicksals, als wahres Missbrauchsopfer. In äußerster Feinfühligkeit wie im Bewusstsein dauernder Aktualität lässt Heyse Maria Magdalena ihre Geschichte, von dem Hohenpriester Kajaphas unsensibel danach befragt, nicht selbst, sondern von ihrer Dienerin Recha erzählen (2. Akt 5. Szene, I/5, 623):

Recha. Willst du nicht reden, Frau, und dich verteidigen, sagen, daß mehr an dir gesündigt worden, als du gesündigt hast, daß der böse Mann, dem deine Eltern dich in die Ehe gaben, dich härter gehalten hat als eine erkaufte Sklavin, in seiner Eifersucht dich hat verschlossen vor Luft und Licht und dich geschlagen und mit Füßen getreten, wenn der Wein in seinen welken Adern glühte, daß du gestorben wärst in der Blüte deiner Jugend, wenn du nicht selbst dich befreit hättest?

Heyse lässt die Hemmungen mitempfinden, warum es Opfern so schwer fällt, selbst über das Erlittene zu sprechen oder gar an die Öffentlichkeit damit zu treten.

Dass er nicht ganz mit der volkstümlichen Tradition im Verständnis der Maria von Magdala bricht, mag auf der einen Seite als halbherzig erscheinen. Auf der anderen Seite hatte er wohl auch seine besonderen lebensgeschichtlichen Gründe dafür. Seine Maria Magdalena schwankt in ihrer Liebe zwischen Judas Ischarioth und einem erfundenen Römer, dem er den Namen Flavius gibt, sowie noch Jesus, der im Hintergrund auf seine Weise wirkt. Die Vermutung drängt sich auf, dass er damit viel von seinem eigenen Ringen zwischen der jüdischen Familientradition, dem Erbe heidnisch-humanistischer Kultur und dem Einfluss der christlichen Religion zum Ausdruck bringt und auf diese Weise eine starke persönliche Note mit hineinträgt. Heyse lässt die Maria auch einmal in einer Szene wörtlich im Hohen Lied lesen (4. Akt 1. Szene, I/5, 647, es handelt sich um Stellen aus Hld 2). Doch um den stärksten Bezug dazu erkennen und einschätzen zu können, muss man recht genau im Hohen Lied bewandert sein. Der Höhepunkt des Dramas scheint ganz an der dramatischen Szene zu Beginn des fünften Kapitels im Hohen Lied (Hld 5,2) orientiert zu sein, die nach meinem Gliederungsvorschlag auch dort im Zentrum steht. Flavius gibt sich als einen weitläufigen Verwandten (Neffe) von Pilatus aus und verspricht seinen Einfluss zugunsten von Jesus geltend zu machen, wenn Maria ihn des nachts zu sich einlässt. Raffinierter Weise verlangt er zuerst seinen Lohn. Der Zuschauer und die Leserin erleben die ganze innere Spannung von Maria mit, als Flavius in der entscheidenden Nacht vor Jesu Hinrichtung bei ihr anklopft. Auch die aus dem Hohen Lied bekannte Türspalte spielt eine Rolle (4. Akt 6. Szene: I/5, 661):

Maria [...]. Ich muß mich fassen, will nur eines denken: jetzt liegt er in seinem Kerker und horcht auf die Gasse hinaus, ob seine Henker schon kommen, ihn zum Tode zu führen. Sei getrost, du Heiliger! Ein Retter wird kommen, du sollst die freie Gottesluft wieder atmen, das Licht der ewigen Wahrheit wieder leuchten lassen weit hinaus in die Welt, alle irrenden Seelen zu führen auf den rechten Pfad zu deinem himmlischen Reich – und ich – dies arme sündige Weib – ich habe dann Teil an deiner Herrlichkeit und darf zu deinen Füßen – (Drei leise Schläge draußen ans Tor. Maria fährt zusammen.) Barmherziger Gott – die Stunde des Gerichts -! (Blickt wie nach einem Ausweg suchend umher, rafft sich dann mühsam auf.) Ja, ja – ich bin bereit – ich komme! (Steht einen Augenblick wie gelähmt.) Herr mein Gott – da es dein Wille ist, gib mir Kraft, es zu vollbringen. Warum zittert ihr, meine Kniee? Der Weg ist ja kurz, nur zehn Schritte bis zur Tür – und den Riegel zurückgeschoben – o Gott! – ich tat's so manche Nacht, wenn eine bekannte Stimme draußen – und heute – es schlägt mich nieder wie mit Fäusten – weh mir! (Sinkt wieder auf das Ruhebett. Neues, etwas lauteres Pochen.) Geduld! Nur eine kleine Geduld! (Sucht sich wieder aufzurichten.) Es ist ja noch früh, noch lange nicht Mitternacht – und ich – von Wachen und Weinen erschöpft – aber ich muß sie abschütteln, wie kann ich nur zaudern? (Ermannt sich plötzlich und schreitet rasch bis an die Schwelle des Gemachs, steht dort wieder still und schlägt den Vorhang zurück.) Ein Abgrund – wie komm' ich über den hinweg? Und jetzt – dort – seine Gestalt – seine Augen – sie dringen in mein Innerstes – seine Stimme:[108] Maria, was willst du tun? Bist du nicht wiedergeboren und hast eine neue Seele empfangen und einen neuen Leib – der geweiht ist durch den Hauch meines Mundes, und der – der soll entweiht werden, entehrt um meinetwillen – Zurück von diesem Abgrund! (Sie tritt wie unwillkürlich einen Schritt zurück. Der Vorhang bleibt offen.)

Flavius (Stimme draußen). Maria! Hörst du mich nicht? Warum öffnest du nicht?

Maria (vor sich hin). Herr, Herr, steh mir bei!

Flavius. Du bist noch wach, Maria. Ich sehe den Schimmer deiner Lampe durch die Spalte der Tür. Warum öffnest du nicht?

Maria (flüchtet in das Zimmer hinein). Schützet mich, ihr Engel des Herrn! (Pause.)

Flavius. Zum letztenmal, willst du mich narren, Maria? - - Nun wohl, Törin: so komme denn sein Blut über dich! Gute Nacht, du Heilige! (Schlägt ein gellendes Gelächter auf, entfernt sich.)

Maria (fährt auf, stürzt nach der Schwelle des Zimmers, ruft). Flavius! – Nein, nein – ich kann nicht – kann nicht! (Bricht vor der Schwelle zusammen.)

Der Dichter spielt damit, dass der christliche Zuschauer die neutestamentlichen Erzählungen aus ganz anderer Perspektive kennt und sich nun mit seinen Emotionen der hypothetischen Frage ausgesetzt sieht, was hätte alles sein können, wenn …? Wie hätte ich mich verhalten, falls …? Der Zuschauer, die Zuschauerin sind keine bloßen Zuschauer mehr …

Das historische Geschehen im NT wird in eine hypothetische Abhängigkeit von einem allgemeinmenschlichen Geschehen gesetzt, wie es sich zu allen

[108] Wieder ist es die nicht äußerlich gehörte, aber trotzdem innerlich von Maria wahrgenommene und so dem Publikum mitgeteilte Stimme Jesu, die eine besondere Wirkung hervorruft, ähnlich wie bei einer anderen weiter unten aufgeführten Szene.

Zeiten begibt. Damit scheint der historische Abstand zum Betrachter in einer Weise aufgehoben, die fast an Günter Grass und seine Zeitsprünge erinnert. Man kann sich gut vorstellen, wie diese unmittelbare Nähe bzw. Gleichzeitigkeit zwischen einer erotischen Verführungsszene und Jesu Getsemane auf manche Zeitgenossen Heyses provozierend gewirkt haben muss und wahrscheinlich auch heute seine Wirkung nicht verfehlen würde.[109] Man darf aber zweifeln, dass vielen dabei bewusst war, wie sehr sich Heyse dabei nur eines anderen biblischen Buches bedient hatte und wie sehr er damit wiederum nur in den Fußstapfen des Johannesevangeliums wandelte.

Auch hier aber hält Heyse dem Publikum in gewisser Weise den Spiegel vor. Die Möglichkeit, sich an den Römer zu verkaufen, mit der Maria von Magdala zu kämpfen hat, bildet so etwas wie ein Gegenbild zu dem Verrat, zu welchem sich Judas verleiten lässt. Hat sich das Christentum, unter dem Vorwand, Jesus für spätere Zeiten zu retten, nicht doch am Ende, mit Blick auf die konstantinische Wende, an das heidnische Römertum und verwandte Erscheinungen verkauft? Man hat Heyse immer wieder den Vorwurf gemacht, dass er sich nur menschlichen Privatverhältnissen gewidmet und darüber die politischen Verhältnisse aus dem Blick verloren hätte.[110] Die Wahrheit scheint eher die umgekehrte zu sein, dass die Wahrnehmung des Lesepublikums sich so lange an die Privatverhältnisse festgeklammert hat, bis es für die vielen politischen Anspielungen in Heyses Werken blind wurde.[111]

---

[109] Wie ein moderner Kritiker mit den preußischen Behörden im Urteil überein kommen kann, dazu sieh Johannes Mahr: Die Krokodile, 481: „Und ein neues Interesse auch unter den Literaten, die ihn bisher bekämpft hatten, erregte er, als 1901 die preußische Zensur sein (auch heute noch schwer erträgliches) Drama *Maria von Magdala* verbot". Die preußische Zensurbehörde nahm Anstoß vor allem an dem „Umstand, dass die Kreuzigung Christi in Beziehung gesetzt wird, mit dem Entschlusse eines buhlerischen Weibes, ob sie sich der sinnlichen Leidenschaft eines Anverwandten des römischen Landpflegers preisgeben will. Es liegt daher keine Veranlassung vor, von dem Grundsatz, nach welchem biblische Stoffe nicht zu dramatischen Aufführungen zu verwenden sind, eine Ausnahme eintreten zu lassen." (S. von Moisy: Münchner Dichterfürst, 118-119).

[110] Vgl. z.B. J. Mahr (Hg.): Die Krokodile, 482, in einem ansonsten sehr um gerechtes Urteil bemühten Aufsatz: „Sein Denken kreist [...] vor allem um das Problem der Liebe und der Leidenschaft, das heißt, daß er sich kaum für die gesellschaftlichen und historischen Dimensionen seiner Figuren interessiert."

[111] Als Heyses „Maria von Magdala" erschien, lag die Dreyfus-Affäre in Frankreich kaum ein paar Jahre zurück, in der es um einen Spionagevorwurf, also, wenn man will, auch um so etwas wie Verrat ging. Die endgültige Rehabilitierung von Dreyfus stand noch aus. Ob Heyse bei diesem Drama mit daran gedacht hat? Vgl. aus H. Manns berühmtem Zola-Essay

Ähnlich wie „Die Weisheit Salomos“ hat auch „Maria von Magdala“ eine Exposition, die fast für sich ein kleines Drama ausmacht. Deren Aussagekraft versteht man aber nur auf der Grundlage des oben Gesagten. Die Szene ist angelehnt an die später ins Johannesevangelium eingefügte Erzählung von der Ehebrecherin. Als solche lässt Heyse seine Maria von Magdala von den Leuten angesehen werden, als sie versucht, sich in die Jüngerschar Jesu zu mischen. Weder Flavius, als Vertreter der römischen Macht, noch Kajaphas, als Haupt der jüdischen Religion, noch Judas, als Mitglied des engsten Apostelkreises, gelingt es, die aufgebrachte Masse zu beruhigen. Man lasse nur folgende Szene auf sich wirken (2. Akt, 8. Szene: I/5, 628-629):

Flavius. Die Rasende! Wie kann sie glauben – Kajaphas, brauch dein Ansehen, gebiete der tobenden Schar -.

Kajaphas. Die Gottlosen, die das Gesetz verachten, würden meine Stimme nicht hören.

Flavius. Nun, so will ich selbst – [...]

Maria, (hinter ihr) *Judas* (der sie mit seinem Leibe gegen die nachstürmenden Verfolger deckt), *Männer* und *Weiber* (mit geballten Fäusten und wilden Mienen) [...]

Judas. Zurück! Rührt sie nicht an! Was hat sie euch getan?

Stimmen. Nieder mit der Ehebrecherin, der Buhlerin! Steinigt sie! –

Flavius. Wer wagt, mir ins Haus zu dringen? He, Macro – Sextus – mein Schwert! (Sklaven von rechts).

Judas. Wollt ihr Anhänger des Heiligen sein und eure Hände beflecken mit unschuldigem Blut?

Einer aus der Schar. Und du, willst du sein Jünger sein und beschützest die Sünderin,

---

in: ders.: Geist und Tat, 176: „Aber eines Herbsttages im Jahr 1897 erfuhr Zola, es sei so weit gekommen, daß die Politik ihre Handlungen gegen den Menschen richte, und der Geist bleibe fern und unbeteiligt. Der Mensch trug einen Einzelnamen, was der Greifbarkeit des Vorganges nützte; es war der Hauptmann Dreyfus, deportiert seit drei Jahren nach der Teufelsinsel für einen Verrat militärischer Geheimnisse, den mit höchster Wahrscheinlichkeit ein anderer begangen hatte.“ Der Vorwurf konnte sich auch gegen Zola selbst richten, das. 184: „Er hielt sich nicht lange auf bei dem Vorwurf, er sei ein Verräter am Heer.“

die sich erfrecht, hinzutreten vor den Meister und ihn anzustarren mit ihrem buhlerischen Blick?

Ein Weib (ergreift Marias Arm, schüttelt ihn). Sie hat den Tod verdient. Hat nicht Moses geboten, solche zu steinigen, die Ehebruch treiben?

Stimmen. Auf hinaus mit ihr auf die Gasse und steinigt sie! (Maria sinkt, sich den Fäusten angstvoll entwindend, zu Boden.)

Judas. Zurück von ihr!

Flavius. Wer sie anrührt, ist des Todes! (Zieht sein Schwert.)

Stimme (ganz hinten im Haufen). Still! Der Meister spricht. (Plötzlich tiefe Stille. Alle stehen wie gebannt und lauschen.)

Ein *Mann* (ganz vorn). Was hat der Meister gesagt?

Dieselbe *Stimme* (aus dem Hintergrund, sehr langsam und nachdrücklich). „Wer unter euch ohne Sünde ist, der werfe den ersten Stein auf sie!"

(Der Haufe steht erschüttert, die erhobenen Fäuste sinken nieder, man hört einige Steine zu Boden fallen. Dann wendet sich die eingedrungene Schar mit gesenkten Köpfen und strömt langsam durch den Garten nach links hinaus.)

Heyse bietet ein hohes Maß an Diskretion auf, wenn er Jesus nicht nur nicht unmittelbar auftreten, sondern seinen Richtspruch durch jemand Anderen weiter verbreiten lässt.[112] Diese Diskretion wird man, vor dem Hintergrund des Hohen Liedes betrachtet, noch einmal ganz anders einordnen können. Einerseits drückt sich darin die taktische Strategie aus, die preußische Zensurbehörde, die eine dramatische Behandlung des NT untersagte, doch noch vielleicht überlisten zu können. Andererseits wird die Wirkung ins Unendliche gesteigert, wenn die unmittelbar gegenwärtigen Vertreter der

[112] Vgl. Luise Rinser: Kriegsspielzeug, 111, mit Bezug auf den damals aktuellen Jesus-Film Zefirellis: „Man sollte einen Jesus-Film machen, in dem Jesus nicht auftritt. Man sollte ihn erleben nur in seinen Wirkungen. Das entspräche ja auch seiner tatsächlichen Weise des Gegenwärtigseins." Kaum Jemand dürfte diesem Anspruch so gerecht geworden sein wie Paul Heyse. Eine ähnliche Zurückhaltung gibt es aber auch bei Maurice Maeterlincks „Maria Magdalena" und bei Karl Herbsts „Die Ungetreuen" (1952). Bei Maeterlinck steht die Abhängigkeit von Heyse außer Zweifel, bei Karl Herbst ist sie wenigstens denkbar.

Autoritäten machtlos dastehen und gegen die aufgebrachte Masse nichts auszurichten vermögen, während Jesus dieselben Menschen trotz Abwesenheit durch einen einzigen Satz in eine tödliche Verlegenheit zu versetzen vermag.[113] Heyse macht damit deutlich, was Jesus für Jemanden bedeuten kann, der ansonsten mit den christologischen Dogmen nicht viel anzufangen wusste. Gleichzeitig wird die Szene aber auch jedem historischen Kontext entrückt und in eine ständige Gegenwart hineingestellt, ohne dass dafür auch nur ein Zeitsprung nötig wäre. Denn zu jeder Zeit wiederholt sich etwas von dieser Wirkung, durch die alle Institutionen beschämt werden, die Jesus für sich zu vereinnahmen versuchen. Und es spricht fast zugunsten der preußischen Behörden, wenn sie bei ihrem Verbot, für das sie sonst keinen Anlass hatten, etwas von dieser Beschämung gespürt haben sollten.

Die Szene wirkt nicht so sehr durch das, was geschieht, als vielmehr durch das, was nicht geschieht, und nur durch eine absolute Stille ausgedrückt werden kann. Dabei ist das, was geschieht, und noch alles hätte geschehen können, furchtbar und aufregend genug und wird in der unmittelbar anschließenden Szene von dem an Flavius gewendeten Kajaphas in die Worte gefasst: „Siehst du nun, welch ein Feuer in diesen Köpfen brennt? Es könnte auch ein römisches Haus in Asche legen!"

Die wiederum nur erzählte, nicht dargestellte, Szene von der Salbung führt zu einem weiteren Wendepunkt, weil dadurch die Eifersucht sowohl von Flavius wie Judas geweckt wird (4. Akt 2. Szene: I/5, 650):

---

[113] Derartige Massenaufläufe gab es schon zur Zeit Heyses, etwa in Frankreich, vgl. H. Mann: Geist und Tat, 183, zur Gerichtsverhandlung gegen Zola in der Dreyfus-Affäre: „Zu diesem Druck auf ihr [der Geschworenen, A.R.] Gewissen kam ein anderer, die Kundgebungen vor dem Gericht, auf der Straße, wo der Angeklagte und seine Freunde bei seinem Erscheinen umlärmt, beleidigt, bedroht wurden. Von der Reaktion bezahlte Lumpe in Gemeinschaft mit den Mitgliedern klerikaler Vereinigungen täuschten eine Volksbewegung vor, und die Polizei griff jedesmal erst dann ernstlich ein, wenn es erwiesen schien, daß nur eine Art Schlacht den Angeklagten schützen konnte vor der gerechten Entrüstung des Volkes." Und sie gibt es bis Chemnitz, Deutschland, 2018.

Flavius [zu Maria, A.R.]. Hast du dein Herz nicht entblößt vor ganz Jerusalem, als du das Haus des Simon betratst vor drei Tagen, um deinem Heiligen drinnen die Füße zu küssen, sie mit Tränen zu waschen und zu trocknen mit deinen Haaren? Ein Weib, das solches einem Manne tut, gesteht vor aller Welt, dass sie diesen Mann zum Herrn und Herrscher über sich gewählt hat.

Der unglückliche Judas wird dagegen von einer doppelten Eifersucht gequält. Durch die Beziehung, die sich zwischen Maria und Jesus entwickelt, scheint er für sich beide zu verlieren (3. Akt 10. Szene: I/5, 644):

Judas. [...] Denn wohl sah ich's: seine Augen leuchteten wie nie zuvor, als sprächen sie: Komm! Ich will dich zu mir erheben an mein Herz, du schönste der Weiber, und du sollst meine Königin sein!
Maria (sehr ernst). Du lästerst den Heiligen des Herrn. Und mich kennst du nicht.
Judas. Kannst du's leugnen, daß du in Liebe zu ihm entbrannt bist? Ich kenne seine Macht über euch, ihr Schwachen und Gelüstigen.

Gleichzeitig muss er eifersüchtig auf die Römer sein, denen Jesus mit seiner Feindesliebe sich allzu großzügig zu erweisen scheint, wie Flavius auf zynische Weise ihm gegenüber geltend macht (3. Akt 12. Szene, I/5,646):

Flavius. Ich habe eben dem Oheim [Pilatus, A.R.] berichtet, welch ein Freund und Helfer uns in dem Manne von Nazareth erschienen ist. Wenn er sein Werk vollbracht hat, wird Pontius ihn nach Rom senden, den Dank und Lohn des Herrschers für seine guten Dienste zu empfangen. Vielleicht begleitest du ihn, und auch deine schöne Freundin entschließt sich zu der Fahrt. In der Hauptstadt der Welt kann sie ihr Glück machen. Verkünde es ihr nun und grüße sie von deinem neuen Freunde! (grüßt ihn lächelnd mit der Hand, geht in sein Haus.)
Judas. Das – das – von ihm! Nicht dulden bloß, dazu helfen, daß wir das Knechtsjoch ferner ertragen in liebevoller Demut, zu Scham und Gram unserer Väter im Grabe –

zu ewigem Fluch unsern Enkeln? Nun, bei Gott dem Allmächtigen, dahin soll's nicht kommen, solange Judas lebt!

Es zeugt von der Höhe der dramatischen Kunst, wenn gegen Schluss dem Kajaphas, der die Rolle des Bösewichts zu spielen hätte, folgende Worte in den Mund gelegt werden, mit denen er gegenüber dem Römer sein relatives Recht deutlich macht und ihm gleichzeitig den Spiegel vorhält (5. Akt 4. Szene: I/5,664-665):

Flavius. Bis du zufrieden Ehrwürdigster? Ist dein Rachedurst gestillt? Ich sah dein Auge aufblitzen in schadenfrohem Triumph, als der am Kreuze verscheidend ausrief: Es ist vollbracht! Ja, vollbracht, grausamer Priester, war dein Werk: das Menschenopfer für euren furchtbaren Gott, den ihr den Gerechten nennt, obwohl er Gefallen hat am Blut der Unschuldigen.
Kajaphas (ruhig). Der da gestorben ist am Kreuz, ist gerecht gerichtet worden, denn er hat sich aufgelehnt wider das Gesetz. Habt ihr Römer nicht blutigere Menschenopfer gebracht an ganzen Völkern, die sich euren Gesetzen nicht beugen wollten, ob auch keines Gottes Weisheit sie gegeben hat, sondern der Wille derer, die euren Staat lenken? Das hat auch dein Oheim Pontius erwogen, da er den falschen Messias an uns auslieferte. Warum, wenn du ihn für den echten hieltst, bist du nicht für ihn eingetreten als sein Anwalt?

Es kommt fast alles zur Sprache, was auch in der Geschichtsschreibung in der Abwägung der Gründe und der Verantwortung von Jesu Hinrichtung eine Rolle spielt, nur dass alles so in den Rahmen einer persönlichen Beziehungsgeschichte hineingestellt wird, dass alles Historische sich wieder im Allgemein-Menschlichen auflöst. Am Ende sind alle in ihrem Recht und trotzdem alle gleichermaßen schuldig. Es gibt keine reinen Helden und keine bloßen Bösewichte. Aber alle werden in der reinen Menschlichkeit ihrer Motive dargestellt. Jede Schwarz-Weiß-Malerei ist aufgehoben.

Neben der Protagonistin Maria Magdalena ist Judas der eigentliche tragische Held des Dramas. Er wird dargestellt als der einzige, der sich von den Ereignissen nicht treiben lässt, sondern durch die eigene freie Entscheidung in ihren Verlauf einzugreifen versucht, wenn Heyse ihn sprechen lässt (4. Akt 4. Szene, I/5,656):

Ich weiß, wenn es ruchbar wird, - die zahmen Knechtsseelen werden mir Verwünschungen nachrufen, wo ich mich blicken lasse. So hat der Schwache stets den Starken gehaßt, der ihm das Maß seiner Ohnmacht vorhielt. Denn sie kennen nur eine Sünde: sich stören zu lassen in ihrem mattherzigen Frieden, zu einer mannhaften Tat sich aufzuschwingen, statt den Herrn zu preisen, daß er ihnen Demut und Geduld beschert hat, die Last, die er ihnen auferlegt, zu tragen.

Diesem Grundsatz bleibt er auch bei seiner letzten Handlung treu (5. Akt dritte Szene, I/5,664):

Ich habe mir selbst gelebt, ich will mein eigener Richter sein!

Eine weitere schnell übersehene Raffinesse des Stückes besteht darin, dass der einzige Jünger Jesu, der in dem Stück neben Judas Ischariot auftritt, Simon heißt, und als Gastgeber Jesu und seiner Anhänger in Erscheinung tritt. Bei oberflächlichem Lesen ist man geneigt, an Simon Petrus zu denken. Da dieser aber kein Haus in Jerusalem haben konnte, so wird schon dadurch deutlich, dass Heyse an den Pharisäer Simon gedacht haben muss, in dessen Haus nach Lukas Jesus von der vermeintlichen Sünderin gesalbt wurde (Lk 7,36-50). Auch diese Erzählung, obwohl die Sünderin keinen Namen erhält, hat die Volkstradition mit Maria von Magdala in Verbindung gebracht. Der dichterischen Phantasie blieb es überlassen, dass ein wohlhabender Pharisäer neben einem Landhaus in Galiläa auch eine Wohnung in Jerusalem besitzen konnte. Allerdings lässt Heyse auch Maria von Magdala Jesus erst in Jerusalem begegnen im Widerspruch zu den Evangelien, die sie Jesus sich bereits in Galiläa anschließen lassen (z.B. Lk

8,2). Die Gesetze des Dramas, zuviel Rückblicken nicht günstig, ließen offenbar nichts anderes zu.

Auf eine vornehme Abkunft Simons weist eindeutig folgender Dialog zwischen ihm und dem Hohenpriester im dritten Akt, als Simon lästige Besucher abwehrt, um Jesus etwas Ruhe gönnen zu können (SW Reihe 1, Bd. 5, 636):

Kajaphas (vortretend). Auch für mich nicht, Simon? Ich habe doch sonst zuweilen an deinem Tische gesessen und du an meinem, wie es Brauch ist unter guten Freunden und Nachbarn. Warum lädst du mich jetzt nicht mehr zu dir ein?

Simon (auf der Schwelle seiner Tür). Du bist willkommen, wie sonst, wenn meine anderen Gäste willkommen sind.

Die dahinterstehende Aussage könnte nur der Versuch Heyses sein, in dieser Figur, die für die Handlung eher nebensächlich erscheint, die Nähe zwischen Judentum und Christentum, im weiteren aber die Überwindung aller konfessionellen Gegensätze überhaupt zu symbolisieren.

Bedeutungsvoll scheint auch, wie es gerade diesem Simon am Ende des Stückes gelingt, die verzweifelte und in fruchtloser Reue sich verzehrende Maria zu beruhigen (5. Akt 6. Szene: I/5, 669):

Simon. Willst du weggehn, Maria, und seine Wiederkehr nicht erwarten?
Maria (bleibt stehen). Seine Wiederkehr?

Ist nicht der Glaube an eine noch ausstehende Ankunft des Messias – ob als erste Ankunft überhaupt oder als Wiederkehr – das, was Juden und Christen bis heute verbindet? Eigentümlicherweise scheint dieser den Simon, den Pharisäer, betreffende Umstand den preußischen Behörden wie den modernen Kritikern gleicherweise entgangen zu sein, obwohl hierin vielleicht erst die kühnste und provozierendste Aussage des ganzen Stückes zu suchen ist.[114] Da dies beim bloßen Lesen so leicht übergangen wird, wäre es auch bei einer Aufführung eine besondere Anforderung an die Regie, die Zugehörigkeit Simons zum pharisäischen Judentum in irgendeiner Weise äußerlich sichtbar zu machen. In gewisser Weise lässt sich aber wohl sagen, dass der Theaterskandal um die „Maria von Magdala" bis heute eine einzige Komödie darstellt. Wie müsste sich der Dichter mit der *Faust im Samthandschuh*[115] nicht längst im Grabe darüber eins in dieses sein Fäustchen lachen!

c) Abschließende Gedanken zu Paul Heyse

Diese beiden biblischen Dramen Heyses könnten heute noch einmal im Rahmen des neuerstarkten Antisemitismus verstärktes Interesse verdienen. In ihnen gibt er ja möglicherweise der Auseinandersetzung mit zwei aufsehenerregenden Antisemitismusvorfällen seiner Zeit, dem Berliner Antisemitismusstreit und der Dreyfus-Affäre, literarischen Ausdruck.

Angesichts der starken emotionalen Einbeziehung des Publikums wundert man sich über die geringe Beachtung. Vielleicht hat sich das Publikum oft auch überfordert gefühlt, wenn es allzu peinlich an die eigenen Vorurteile, Schwächen und Versuchungen erinnert wurde. Vielleicht war auch eine zu sehr auf äußere Handlung bisher eingestellte Regie nicht in der Lage, die Aufmerksamkeit auf die innere seelische Anspannung zu lenken, in der der Dichter die Ursache für einen leider bis heute andauernden gesellschaftlichen Konflikt erblickte. Das von einer solchen für den Versuch einer Wiederaufführung auch heute viel verlangt wäre, dürfte feststehen. Interessanterweise scheinen die Dramen Heyses im Ausland größeren Erfolg gehabt zu haben, vielleicht gerade weil hier das Publikum mit einer größeren

---

[114] Zu einer Einschätzung, die den in den Evangelien aus der Rückschau etwas polemisch verzeichneten Pharisäern historisch gerecht zu werden versucht, vgl. z.B. P. Petzel / N. Reck: Von Abba bis Zorn Gottes, 142-146.

[115] So die treffende Charakterisierung durch Theodor Fontane in einem Brief an Heyse vom 06.05.1866: „Was mir immer das Hervorragendste an allen Deinen Arbeiten bleibt, ist ihre Kraft bei aller Glätte, ihr Sturm bei aller Ruhe, ihre Leidenschaft bei Blond und Blau. Samthandschuh, aber eine Faust darin." (zitiert nach: Sigrid von Moisy: Münchner Dichterfürst, 158.)

Distanz das Geschehen auf sich wirken lassen konnte.[116] Ob man heutzutage auch bei uns durch den zeitlichen Abstand mit einer verstehenden Distanz rechnen dürfte? Sicherlich wäre es hilfreich, im Vorfeld auf die vielen versteckten Anspielungen und den Umgang mit den biblischen Vorlagen aufmerksam zu machen. Es lohnte sich wohl der Mühe, es einmal auf einen Versuch ankommen zu lassen.

6. Victor Hugo (1802-1885): Gesang von Betfage (Das Ende Satans)

Für Walburga in Erinnerung an gemeinsame Französisch-Lektüre

a) Übersetzung

Lassen wir unseren Blick in die Kultur unseres westlichen Nachbarlandes schweifen, in dem die Koordinaten des Weltlichen und Geistlichen traditionell etwas anders besetzt sind. Politische Unruhen – bis auf den heutigen Tag – lösen einander ab, die Gesellschaft verweltlicht in rascher Geschwindigkeit, demgegenüber bleibt für die religiös Suchenden die katholische Kirche ein Hauptansprechpartner. Folgendes Gedicht bildet einen selbständigen Abschnitt innerhalb von „La Fin de Satan" – „Das Ende Satans", einer groß angelegten, aber Fragment gebliebenen Dichtung des französischen Dichters Victor Hugo, Hauptvertreters der französischen Romantik. Diese mystische Dichtung aus der Zeit seines Exils unter Napoleon III. ist durch ihren fragmentarischen Charakter weitgehend unbekannt geblieben. Da aus diesem Grunde deutsche Übersetzungen Mangelware, wenn nicht geradezu Fehlanzeige sind, folgt hier eine eigene Arbeitsübersetzung, für deren Korrektur neben weiterführenden Ratschlägen ich dem Französischlehrer Kurt Kollek zu besonderem Dank verpflichtet bin.

---

[116] S. von Moisy (Hg.): Münchner Dichterfürst, 121: „Von Heyses amerikanischem Agenten Emanuel Lederer initiiert, wird im Herbst 1902 in New York ‚Maria von Magdala' in einer kostspieligen Prachtinszenierung herausgebracht und innerhalb weniger Monate 112mal gespielt, um in einer anschließenden Tournee in weiteren großen Städten Amerikas mit außergewöhnlichem Erfolg gezeigt zu werden." Zur Reaktion des belgischen Dichters Maurice Maeterlinck auf Heyses Maria von Magdala vgl. Markus Bernauer, Paul Heyse und Italo Svevo, in: Paul Heyse, 177-192, hier 187-188. Er ließ sich zu einer eigenen Bearbeitung des Stoffs inspirieren.

Der Gesang von Betfage[117]

Chor der Frauen

(1) Der Waldschatten von Aser ist ganz in Duft getaucht. (2) Wer kommt auf dem frischen grünen Weg heran? (3) Ist's der Geliebte, der auf die Geliebte wartet? (4) Er ist jung, er ist sanft. Er steigt aus der Wüste[118] herauf, (5) wie aus dem Rauchfass sich die Rauchwolke erhebt. (6) Ist's der Geliebte, auf den die Geliebte wartet?

Junge Frau

(7) Ich liebe. O Winde[119], verjagt den Winter[120]. (8) Die Ebenen duften nach Balsam. (9) Der Vogel in den Wäldern von Aser ist wie (10) eine Seele in den Zweigen. (11) Die Liebende läuft zum Liebenden; (12) Er besingt mich und ich besinge ihn; (13) oh! wie es sich weich schläft (14) unter einem sich neigenden Ast![121]

(15) Ich erwache, indem ich ihn besinge; (16) indem er mich besingt, erwacht er (17) und die Morgendämmerung glaubt, sie vernimmt (18) das Summen von zwei Bienen. (19) Wir laufen, der Eine zur Anderen; (20) er sagt: „O Schöne unter den Schönen.[122] (21) Die Rose ist unter deinen Fersen, (22) der Stern blinkt in deinen Flügeln!" (23) Ich sage: „Die Erde hat hundert Könige, (24) die jungen Leute sind ohne Zahl; (25) doch ich liebe nur ihn, o Wald! (26) Er ist Flamme und ich bin Schatten."[123]

(27) Er erwidert: „Komm mit mir, (28) dass wir uns im Talgrund verlieren, (29) im glitzernden Schrecken (30) der weiten, besternten Nächte." (31) Und ich füge hinzu:

---

[117] Nach dem französischen Original in: Victor Hugo: La fin de Satan, Édition Gallimard: Saint-Amand 1984, 128-135.
[118] Vgl. Hld 3,6; 8,5. Victor Hugo deutet das rätselhafte Bild des aus der Wüste aufsteigenden Wesen auf den Geliebten.
[119] Hld 4,10
[120] Hld 2,11
[121] Ungefähre Entsprechung Hld 2,3: Schatten des Apfelbaums.
[122] Hld 1,8 u.ö.
[123] Hld 5,10; 1,5.

„ich stürbe (32) für einen Kuss aus seinem Mund.[124] (33) Ihr wisst es, o Wälder. (34) O großes wildes Gemurmel!“

(35) Das Wasser fließt, der Himmel ist hell. (36) Unsere Lieder, im Wind verstreut, (37) kreuzen sich in der Luft (38) wie Pfeile zweier Heere.[125]

Chor der Frauen

(39) Der Vogel in den Wäldern von Aser scheint (40) eine Seele in den Zweigen.

Junger Mann

(41) Sie schlief, ihren Kopf auf den Arm gestützt; (42) weckt sie nicht, bevor sie es will, (43) bei den Blumen, bei dem Damhirsch, der unterm Laub sich regt, (44) bei den Sternen des Himmels, weckt sie nicht![126]

(45) Man hält sie kaum für eine Frau; man sagt ihr: „Wie! Du isst, (46) du trinkst! Das ist sicherlich irgendein heiliges Getränk! (47) Alle Düfte scheinen aus ihrem Herzen aufzusteigen. (48) Sie hält ihre Füße vereint, wie die Füße von Engeln. (49) Man möchte sagen, dass sie aus ihrem Körper ein Gefäß gemacht hat (50) für den Balsam von oben, den kein giftiger Dunst verändert; (51) sie kümmert sich auch um das Irdische, (52) denn das Blatt der Lilie ist nach außen gebogen.

(53) Der Nachtigallenwald, wie der Amselwald (54) bewundern sie, und ihre Schritte sind ihnen wie Gunsterweise. (55) Ihre Schönheit, die glänzt und strahlt, würde zu Träumern machen (56) die Könige von Indien mit ihren Truhen voller Perlen.

(57) Wenn sie vorbeizieht mit Tänzen und Liedern, (58) lächelt der Greis, der eben noch schimpfte, die Verdrossensten (59) lassen sie ein auf die mit Palisaden umsäumten Weiden. (60) Der Umriss ihres Schattens ist den Feldern angenehm.

---

[124] Hld 1,2.
[125] Vgl. Heinevetters Übersetzung von Hld 8,6: „Stark wie der Tod ist Liebe, [...] Ihre Pfeile sind Feuerpfeile“.
[126] Hld 3,5 u.ö.

(61) Ich weine für manche Augenblicke, so lieblich und zerbrechlich ist sie! (62) Unlängst hat sich ein Vogel, kaum größer als ein Finger, (63) bebend auf den Rand meines Daches gesetzt; (64) ich sagte: Sei gesegnet, Vogel, bete für sie!

(65) Wenn ich sie heirate, oh nein, dann will ich nicht mehr scheiden (fortziehn). (66) Ich würde nicht mehr fortgehn von dir, die ich liebe, (67) ich würde nicht mehr fortgehn von dir, selbst wenn (68) Salomon mich schicken sollte zum König Hiram von Tyrus. (69) Ihr Herz, noch als sie schlief, bewunderte mich; ein süßer Ruhm! (70) Ein Engel, der vom Himmel herab dort vorbeiflog, (71) sah ihre Liebe, nahm daran Anteil und flog davon. (72) Denn wo die Jungfrau trinkt, kann auch die Taube trinken.[127]

(73) Sie schlief so, wie Hanna, als sie von Esra träumte; (74) o meine Schönheit, den Tag, an dem ihr mich geliebt habt, (75) war ich trunken wie die Hirschkuh auf dem Berg der Gewürze, (76) ihr reiner Busen[128] steigerte die Weiße ihrer Tücher.

Chor der Frauen

(77) Weckt sie nicht, bevor sie es nicht will. (78) Bei den Blumen, beim Damhirsch, der unterm Laub sich regt, (79) bei den Sternen des Himmels, weckt sie nicht.

Junge Frau

(80) Durch die Öffnung meiner Tür (81) streckte mein Geliebter seine Hand,[129] (82) und ich erwachte, (83) ja wir werden uns morgen heiraten.[130] (84) Mein Geliebter streckte seine Hand (85) durch die Öffnung meiner Türe. (86) Vom Weihrauchberg (87) bis zum Myrrhehügel, (88) ist er es, den meine Sinne ersehnen, (89) und er ist es, den meine Seele bewundert (90) vom Myrrhenhügel (91) bis zum Weihrauchberg.

---

[127] Vgl. Hld 5,12 Bild der trinkenden Tauben.
[128] Hld 1,13; 7,8.
[129] Hld 5,4.
[130] Ganz wörtlich: „... dergestalt, dass wir uns morgen heiraten." Die Stelle bleibt rätselhaft unmotiviert.

(92) Ich weiß nicht, wie ich es ihm sagen soll, (93) ich habe meine Kleider abgelegt; (94) sagt es ihm, ihr Himmel! Er seufzt (95) und ich brenne, o Firmamente. (96) Ich habe meine Kleider abgelegt (97) und weiß nicht, wie ich es ihm sagen soll.

Chor der Frauen

(98) Ihr Himmel! Er ist's, den ihre Seele bewundert, (99) er ist's den ihre Sinne ersehnen, (100) vom Myrrhenhügel (101) bis zum Weihrauchberg.

Junger Mann

(102) Sie entflammt mich und ich setze sie in Brand, (103) ich gehe nach ihr rufend, das Herz ganz erfüllt von Ekstase. (104) O Wolken, sie ist das, was ich vor allem liebe. (105) Wie schön ist sie, mit ihrem Lachen der Vermählten, (106) das Aug erfüllt mit einem geheimnisvollen Himmel (107) und die nackten Füße im Tau![131]

(108) Ich werde sie mit Nardenduft[132] erfüllen. (109) O Traum! Sie wird auf unsrem engen Lager (110) auf meine Stirn ihre linke Hand legen.[133] (111) Des Nachts machen meine fröhlichen Augen dem wilden Wolf[134] noch Angst. (112) Ich gleiche dem, der einen Smaragd findet.

(113) Mein Stolz schmilzt unter ihrem Blick (114) wie Schnee unter warmem Wasser. (115) Ihr Hals bedarf keiner Schmuckketten; (116) die Weisheit mischt sich mit der Anmut in ihren Gesprächen, (117) wie ein Täuberich neben seinem Weibchen fliegt. (118) Die Seraphine machen ihr vertraute Zeichen.

(119) Diese Jungfrau, o David, ruhmreicher König (120) ähnelt eurem Elfenbeinturm, (121) an dem tausend Schilde hängen.[135] (122) Frauen, glaubt ihr, sie kommt heraus? (123) Sie bleibt in der Wohnung und dreht ihre Spindel. (124) Und ich rufe nach ihr … aber ich werde geliebt, was kümmert es mich! (125) Ich hüpfe wie ein

---

[131] Hld 5,3.
[132] Hld 1,12.
[133] Hld 8,3.
[134] Vgl. Füchse in Hld 2,15.
[135] Vgl. zu diesem und den vorangehenden Versen Hld 4,4.

Pfau von den Bergen[136] des Nabujesso, (126) als schwebte ich in der Luft, die nach mir verlangt (127) und als hätte ich eine Seele, (128) aus Vogelfedern gemacht.

(129) Kommt, jemand Erhabenen zu sehen. (130) Seht den Liebenden, stolz wie eine Palme[137] auf der Wiese. (131) Schön wie die in Blüte stehende Aloe im Monat von Elul! (132) Kommt den Verliebten zu sehen, der Riesen[138] besiegen würde.

(133) Kommt, den großen König Saul[139] zu sehen (134) mit seinem Hochzeitskranz.

Chor der Frauen

(135) Kommt, zu sehen den großen König Saul (136) mit seinem Hochzeitskranz.[140]

Junge Frau

(137) Die Liebe bringt Glück. Singt. Die Luft war mild. (138) Ich sah ihn, das blühende Gras reichte uns an die Knie, (139) ich lachte, und wir liebten uns. (140) Lasst die Storche ihr Nest bauen, lasst (141) die Liebe, die aufsteigt aus dem Grund sinnbetäubender Azure, (142) eintreten in die Kammer der Seelen.

(143) Was sind Liebende? Neugeborene sind sie. (144) Mein Geliebter, so kommt von den Bergen,[141] den Wäldern! Kommt! (145) Macht euch schlecht verschlossene Türen zunutze. (146) Ich wollte wohl wissen, wie ich es fertig bringen sollte, (147) sein junges und frisches Lachen nicht anzubeten, (148) kommt, mein Bett ist voll mit Rosen!

(149) Mein Haus ist verborgen und scheint eigens dafür hergerichtet zu sein; (150) die Decke ist von Zedernholz und die Bettstatt von Zypressenholz. (151) O der Tag, an dem wir uns sprachen, (152) er war weiß, die Nester sangen. Er schien mir (153)

---

[136] Hld 2,8; 4,8.
[137] Hld 7,8-9: Palme, allerdings in bezug auf die Frau.
[138] Unmittelbar auf Goliath zu beziehen, könnten die „Riesen“ auch eine indirekte Anspielung auf Napoleon III. enthalten.
[139] Hld 5,10 ist nicht nur auf David zu beziehen, sondern auch auf Saul, wenn die Aussage, herrlicher zu sein als die Meisten, ein Hinweis darauf sein sollte, dass Saul alle anderen um Haupteslänge überragte.
[140] Hld 3,11.
[141] Hld 2,8.

wie ein Schwanenjunges, das man in Milch gebadet glaubt, (154) und ich sah im Himmel Flammen.

(155) Im Dunkeln groß, im Hellen göttlich, (156) so herrscht Ihr, Eure Stirn strahlt in dieser eitlen Welt (157) wie die Kornblume unter dem Roggen; (158) abwesend, anwesend, aus der Ferne, aus der Nähe, haltet Ihr mich; (159) Ihr kommt aus dem Schatten, wo die Löwen[142] sind, (160) und kommt vom Licht, wo die Adler sind!

(161) Ich habe gesucht in meinem Zimmer und habe ihn nicht gefunden; (162) ich bin die ganze Nacht über das Pflaster gelaufen (163) und der Mond war kalt und bleich, (164) und die Stadt war schwarz und der Wind war rau, (165) und ich sagte dem finstren Soldaten[143] (166) auf der Mauer: Haben Sie den gesehen, den ich liebe?

(167) Wenn du die Perle zurücklassen wirst in deiner Ebbe, (168) o Meer; wenn der Frühling sagen wird: ich möchte (169) weder Amber mehr, noch Zimt, (170) wenn man den Monat Nisan verabschieden sehen wird (171) die Rose, den Jasmin, die Schwertlilie und den Mandelbaum, (172) dann werde ich ihn aus meiner Seele fortschicken.

(173) Wüsste er, wie sehr ich ihn liebe, er würde erbleichen. (174) Komm, die Lilie öffnet sich, wie ein wertvolles Kästchen, (175) die Lämmer sind auf der Weide, (176) der Wind fährt vorbei und sagt mir: dein Atem duftet. (177) Mein Geliebter, mein Geliebter, mein Geliebter, (178) der ganze Berg steht in Blüte. (179) Oh, wann wird er wohl zurückkehren, meine Liebe, mein Stolz? (180) Er macht mich froh oder schwermütig, er ist meine Trauer, (181) meine Freude ist er, und ich verehre ihn; (182) schön ist er. Über seinem Haupt sieht man im Wechsel (183) Morgenstern und Abendstern, (184) denn er ist Nacht und Morgenrot!

---

[142] Hld 4,8.

[143] Vgl. dazu die Wächter in Hld 3,3; 5,7.

(185) Warum lässt du die verschmachten, die dich so sehr liebt?[144] (186) Komm! Warum eine Stunde verlieren? O weh, es wartet mein Herz, (187) traurig bin ich wie die Gräber. (188) Lässt man denn Zeit, sag an, zwischen den Blitzen (189) zweier schwarzer Wolken[145], die durch die Luft ziehen (190) und den Küssen zweier Tauben?

Chor der Frauen

(191) Komm, o Du, den man erwartet! Singen wir. Die Luft war mild. (192) Er hat sie erblickt; das blühende Gras reichte ihnen zu den Knien.

b) Nachbildung als Wechselgesang

Heyses Dramen können als beispielhafter Versuch einer Dramatisierung des Hohen Liedes und seines Stoffes angesehen werden. Dabei bleibt das leichte Missbehagen, ob der Dichtung des Hohen Liedes eine Dramatisierung überhaupt angemessen ist. Bei Heyse fällt dieses Problem dadurch nicht so ins Gewicht, dass er die Dichtung geschickt in die Sage vom Besuch der Königin von Saba einbaut. Die volkstümliche Sage eines Wettstreits zwischen den königlichen Personen um die rechte Weisheit hat dann in erster Linie die Last des Dramatischen zu tragen. Victor Hugo bedient sich dagegen in seiner poetischen Aneignung einer Form, die derjenigen des biblischen Buches näher verwandt ist. Dazu mochte wohl der Umstand verhelfen, dass Hugo, nachdem er als Dramatiker gescheitert war, und der Bühne den Rücken zuwandte, eine ganz eigene Form der Dichtung erfand, eine originelle Mischform, die an allen Kunstformen des Lyrischen, Epischen und Dramatischen Teil hat. In der „Légende des siècles" hat diese Mischform ihren besonders charakteristischen Ausdruck gefunden, war aber bereits in

[144] Könnte dies eine Anspielung auf Hugos Verhältnis zu Juliette sein, seiner treuesten Geliebten, die ihm vor Verfolgung nach dem Staatsstreich das Leben rettete, ins Exil folgte, aber immer nur ein Anhang an seine legale Familie war?

[145] Hld 8,6.

„Les Châtiments“[146] und, wie man vielleicht sagen kann, auch in der Fragment gebliebenen Dichtung „La fin de Satan = Das Ende Satans“ vorbereitet.[147] Hugos Aneignung des Hohen Liedes ist auch deshalb so interessant, weil sie im Gegenzug zu der auf dem Hintergrund vor allem protestantischer Exegese und Theologie in Deutschland erwachsenen Dichtung Heyses eher das mehrheitlich katholisch geprägte Frankreich vertritt, wo eine historisch-kritische Analyse der Bibel bis dahin noch wenig Spuren hinterlassen haben dürfte. Insofern kann stärkeres Nachwirken der allegorischen Auslegung in der kirchlichen Tradition selbst bei einem sonst so liberalen, aber doch auf eigene Weise religiösen Schriftsteller nicht weiter erstaunen.[148] Die Stellung innerhalb der gesamten Dichtung und die Verbindung mit einem Ortsnamen, der mehr aus dem NT bekannt ist,[149] zeigt jedoch auch die wahrscheinlich richtige Auffassung Hugos vom Hohen Lied als einem eher späten Buch des AT. Die Liebenden erscheinen hier vor allem als jugendliche Personen, die sich auf Augenhöhe, ohne jeden Standesunterschied, begegnen, ja so, dass jede Charakterisierung durch die

---

[146] Von Heinrich Mann singularisch als „Das Strafgericht“ übersetzt, ders.: Geist und Tat, 284.

[147] Ein von A. Maurois: Olympio, 345 angeführtes Zitat von Flaubert macht mehr als alles andere deutlich, wie sehr die Form der „Légende des Siècles“ der Eigenart seines Schöpfers entsprach: „Bis jetzt hatte er sich aus Sorglosigkeit – oder vielleicht, um seine Produktion zu vermehren – beim Publikum zuweilen durch einen prunkhaft feierlichen, langweiligen und hochberedten Pförtner vertreten lassen, der ihm auf eine so ungewöhnliche Weise glich, daß alle Welt ihn für Hugo hielt ... Nach dem Staatsstreich mußte dieser Pförtner in seiner Loge in Paris bleiben, und Victor Hugo mußte allein arbeiten: das Ergebnis war *La Légende des Siècles*.“ Vgl. H. von Hoffmannsthal: Studie, 289: “ [...] die Formen der großen Kunst vergangener Zeiten werden ihm durchsichtig: die Bücher des Alten Testamentes, die antiken Tragiker, Dante. Es geht ihm auf, wie man dazu gelangen kann, die Geschehnisse der Zeiten so lebendig zu erblicken, in ihnen den Atem Gottes ebenso zu spüren, wie er ihn in einem Geschehnisse der eigenen Zeit zu spüren bekommen hatte. [...] Und so entsteht das große Buch, das zusammengesetzt ist aus Gedichten eines großen Stils, die etwas vom Epos haben und etwas von der Allegorie, etwas Hymnisches und etwas Chronikhaftes: ‚Die Legende der Jahrhunderte‘. Diese Kunstform ist einzig; es sind in ihr alle Elemente des großen Stils amalgamiert, die uns überliefert sind; aber sie sind völlig amalgamiert.“

[148] Zu Hugos Verhältnis zu Religion und Kirche vgl. N. Guillemin: Hugo, 91ff. Guillemin veranschlagt den endgültigen Bruch Hugos mit der Kirche als Institution, der er sich in der Zeit der Verlobung unter dem Einfluss seiner Braut Adèle und Lamennais' angenähert hatte (vgl. Maurois, 80), mit dem Jahr 1851. Nichtsdestotrotz pflegte Hugo zeitlebens das Gebet und lehrte es offensichtlich auch seine Enkel beim Zubettgehen, vgl. Guillemin, Hugo, 98.

[149] Betfage wird von Mk 11,1-2 und Lk 19,28-30 zusammen mit Betanien verwendet, um den Weg zu bezeichnen, auf dem Jesus in Jerusalem einzieht. Mt 21,1-2 erwähnt dabei nur noch Betfage, während Joh 12,1-6 umgekehrt in Betanien die Salbung Jesu durch Maria, der Schwester des Lazarus und der Marta, dem Einzug vorausgehen lässt, mit Bildern, die sehr stark an das Hohe Lied der Hebräischen Bibel erinnern. Vielleicht ist die letztgenannte Szene und die Nähe von Betfage und Betanien mit ein Grund dafür, dass Victor Hugo seine Nachdichtung des Hohen Liedes in Betfage ansiedelt.

Zugehörigkeit zu einem Stand oder Beruf von vornherein überflüssig erscheint.

Zu den verwunderlichen Dingen zwischen Deutschen und Franzosen gehört auch der Umstand, dass Victor Hugo bei den Deutschen keine größere, geschweige tiefer nachwirkende Aufmerksamkeit gefunden hat. Dabei sollte man meinen, dass der Tiefsinn eines Hugo der deutschen Nachdenklichkeit besonders wesensverwandt sei. Goethe, der ihm ein „schönes Talent" zugestand,[150] zeigt sich noch am verständnisvollsten. Doch ein Ludwig Tieck hielt mit Kritik nicht zurück. Selbst der tiefsinnige Hebbel schließt sich in seinen Tagebüchern Tiecks Kritik ganz und gar an.[151]

Seinerseits bezeugte Viktor Hugo ein starkes Interesse an Deutschland, wovon vor allem sein Buch „Le Rhin" beredtes Zeugnis gibt. Der Biograph Hugos zitiert aus dessen Vorwort dazu: „Deutschland (der Autor dieses Buches verheimlicht es nicht) ist eines der Länder, die er liebt, und eine der Nationen, die er bewundert. Er hat fast das Gefühl eines Sohnes für dieses edle und heilige Vaterland aller Denker. Wenn er nicht Franzose wäre, möchte er Deutscher sein …".[152] Am schönsten ist aber wohl die Äußerung, die sich in den zugefügten Stücken einer Ausgabe der „Châtiments" aus dem verhängnisvollen Jahr 1870 findet, wo er zu einer Melodie Beethovens eigene

---

[150] J.W. von Goethe: Französisches Haupttheater, In: Sämmtliche Werke 8, 288.

[151] Theodor Poppe: Hebbels Tagebücher II, 5. Mai 1963, 5098/341-342: „Sie [die Franzosen, A.R.] müssen alles in flüchtige Gase auflösen, oder in tote Asche verwandeln; die schöne Mittelstufe, auf der die Erscheinung sich in ihrem vollen Rechte behauptet, ohne das Gesetz, aus der sie hervor ging, darum zu verdunkeln oder gar zu ersticken, ist ihnen unbekannt. Übrigens steige ich lieber mit Corneille und Racine in den Luftballon, als ich mich mit Viktor Hugo und Konsorten in den Mist einwühle." Inhaltlich fast identisch lautet es in Tiecks satirischer Novelle „Reise ins Blaue": „Unseliges Volk! Welcher Messias wird euch von dem lauen Wasser eures Racine erlösen, wenn die Heilungsmittel, die man euch bietet, schlimmer als die Krankheit sind?" (Tieck, Werke in vier Bänden, Bd. III: Novellen, 1041). Ob diese Autoren noch so streng geurteilt hätten, wenn sie auch die Werke des durch das Exil gereiften Dichters hätten kennenlernen können? Heinrich Mann, ein deutscher Autor mit weltoffener Einstellung, urteilt in seinem Essay in: Geist und Tat, 60, über eines dieser Werke: „Um nur von dem einen zu sprechen, Les Misérables – die Großartigkeit selbst! Hier wird alles beispielhaft durch Steigerung, drohend, weil über gewöhnliches Maß, göttlich, weil so freigebig. Mutterliebe geht bis ans Ende, Mitleid bis zur Heiligkeit, das Verbrechen bis zum Tier, das Gesetz, bis es ein Grauen wird. [...] Das Dringlichste, was hier geschieht, ist Gewissenserforschung, das Größte ist Gewissenskampf. Bevor der Sträfling sich dem Gesetz ausliefert, kämpft er, wie selten auf Erden gekämpft worden ist."

[152] Zitiert nach A. Maurois: Olympio, 239. Der Biograph muss hier allerdings auch gestehen: „Er kannte zwar wenig von der deutschen Literatur, aber wie seine Freunde Nerval und Gautier hatte er die schönen Erzählungen E.T.A. Hoffmanns gelesen."

Verse erfindet und diese Verbindung zwischen deutscher Musik und französischer Dichtung bezeichnet als „symbole de cette sainte fraternité de la France et de l'Allemagne que les rois ne parviendront point à detruire", - „Zeichen dieser heiligen Verschwisterung von Frankreich und Deutschland".[153] Später, zu einem Zeitpunkt als eine Versöhnung beider Völker längst mehr als überfällig war, sollten sich eine Reihe von Politikern wichtig tun, als hätten sie die deutsch-französische Freundschaft erfunden! Sie verhielten sich in Wirklichkeit wie im Märchen jener Zwerg, der einen großen Baumstamm von einem Riesen tragen ließ, um sich hinterher damit zu brüsten, er habe ihn selber bewegt.[154] Maurois zitiert aus Hugos Tagebuch vom 17. Juli 1870: „Vor drei Tagen, am 14. Juli, pflanzte ich in meinem Garten von Hauteville House die Eiche der Vereinigten Staaten von Europa; zur gleichen Stunde brach der Krieg in Europa aus, und in Rom wurde die Unfehlbarkeit des Papstes proklamiert. In hundert Jahren wird es keine Kriege und keinen Papst mehr geben, und die Eiche wird ein großer Baum sein ..." Der Biograph fügt hinzu: „Von diesen drei Prophezeiungen ist bisher nur die dritte in Erfüllung gegangen: die Eiche ist groß."[155] Da die Biographie mittlerweile auch schon ein Menschenalter her ist, möchte man die Frage stellen, wie es dem Baum geht, ob er noch gesund ist, oder ob ihm auch der Klimawandel zu schaffen macht. Die Gefahr von Kriegen ist nun doch wenigstens innerhalb der Europäischen Union gebannt. Überfüllte Flüchtlingslager an den Außengrenzen, während sich dieselbe Union unfähig zu einem gemeinsamen Vorgehen zeigt, ist leider der traurige Preis dafür.

Viktor Hugos Liebe zu Deutschland blieb allzulange unerwidert. Immerhin hat Freiligrath eine Reihe von dessen frühen Gedichten übersetzt, diese Arbeit

[153] Victor Hugo: Châtiments, Garnier-Flammarion: Paris 1979, 378.

[154] Auch H. Mann scheint es ähnlich empfunden, wenn auch weniger krass ausgedrückt zu haben, wenn er in: Geist und Tat, 279, meint: „Man denkt gerne, daß Herr Eduard Herriot sich 1924 nach vielen schlechten Tagen an seine Worte als Nationaldichter [Victor Hugo, A.R.] erinnert hat, als er es wagte, vor allen anderen Staatsmännern von Europa von neuem unsere Vereinigten Nationen heraufzubeschwören." (1927 zum 100. Geburtstag von Victor Hugo). Die Europäische Union ist also von einem Flüchtling zu allererst erdacht worden.

[155] André Maurois: Olympio, 389.

aber später nicht fortgesetzt, vielleicht bedingt durch sein Exil in England, welches ihn naturgemäß mehr Interesse an englischer Literatur finden ließ.[156] Welche Beziehung hätte das werden können zwischen diesen verbannten Dichtern! Ein wirklicher Umschwung in der Beurteilung Hugos trat erst ein, als sich ein deutschsprachiger Autor österreichischer Herkunft, der sich, wenn man es mit Vor- und Nachnamen nicht zu genau nimmt, fast als ein Namensvetter des französischen Dichters betrachten konnte, intensiv mit ihm auseinandersetzte: Hugo von Hoffmannsthal. Dessen ausführlicher Aufsatz: „Studie über die Entwickelung des Dichters Victor Hugo" vom Jahr 1901 ist eine Meisterleistung literarischer Unvoreingenommenheit, die dem Genie Hugos innerhalb der deutschen Kritik zum ersten Mal vollkommen gerecht wird und seitdem wohl auch nicht wieder darin übertroffen worden ist.[157]

Der größte Teil von „La Fin de Satan" wurde in der Zeit des Exils geschrieben und wahrscheinlich abgebrochen, als sich Hugo nach längerer Unterbrechung wieder „den Elenden" zuwandte, die neben „Notre Dame" sein berühmtester Roman in der Weltöffentlichkeit werden sollten. Danach scheint Hugo das andere Werk nicht wieder aufgenommen zu haben. Vielleicht darf man sich seinen poetischen Stil als eine Mischung zwischen Freiligraths rhetorischer Deklamation und Rückerts orientalischer Farbigkeit vorstellen.

In der Ausgabe bei Gallimard finden sich in der Anmerkung des Herausgebers einige kritische Bemerkungen zu Hugos Umgang mit dem biblischen Text. Er sei darin vom Original abgewichen, dass er dem Text einen strengeren Aufbau verliehen („la construction plus rigoureuse de l'adaptation hugolienne"), die Rolle des Chors erweitert und vorallem viele der

---

[156] „'Tagelöhner und Poet'! das ist die Parole dieser Jahre vom Mai 1851 bis zum Juni 1868, die Freiligrath in der Verbannung verlebte." (Walter Heichen: Freiligraths Werke in fünf Büchern, Berlin o.A., 1. Buch, 135.) Victor Hugo hatte im Exil als Dichter besseren Erfolg als Freiligrath mit seiner „Tagelöhnerei". A. Maurois: Olympio, 339 resümiert über einen Gedichtband: „Der materielle Erfolg war so groß wie der literarische. Von den zwanzigtausend Francs Honorar, die Hetzel bald darauf überwies, kaufte Victor Hugo am 10. Mai ein Haus: *Hauteville House*, das also ganz von den *Contemplations* bezahlt wurde. Er legte Wert darauf, in Guernesey Hausbesitzer zu werden. Er würde damit der Krone [der englischen, A.R.] Aufenthaltsrecht bezahlen und könnte nicht mehr des Landes verwiesen werden. So war es dort Gesetz."

[157] Siehe Literaturverzeichnis.

ungewohntesten Metaphern entsprechend den französischen Vorurteilen bereinigt habe. So schließt der Kommentator: „L'auteur de William Shakespeare a beau s'opposer sur ce point à Voltaire […], l'exemple prouve qu'il ne va pas jusqu'à la pratique du style ‚oriental'."[158] – „Der Autor von ‚William Shakespeare'[159] mag gern in diesem Punkt Voltaire widersprechen […], das Beispiel zeigt, dass auch er es nicht bis zur Umsetzung des orientalischen Stils bringt." Fragt sich nur, was verdienstvoller ist, eine pedantische Nachahmung dieses orientalischen Stils oder dessen Integrierung in den eigenen originellen Stil? Es nimmt nicht wunder, wenn gerade für einen Romantiker nur das Letztere in Frage kam.

Hugos Biograph setzt für „Das Ende Satans" folgenden Zeitraum als Entstehungszeit an: „Zwischen 1853 und 1856 schuf er, immer mehr hingerissen, nicht nur die religiösen Gedichte der Contemplations, sondern auch einen großen Teil der beiden gewaltigen theologischen Dichtungen: La Fin de Satan und Dieu."[160] Die angegebenen Jahre sind Anfangsjahre des Exils. Offenbar enthalten diese Jahre die Hauptzeit der äußeren Verwirklichung. Es folgen aber noch später verschiedene Fortsetzungen.[161]

Rein äußerlich betrachtet ist es schon viel, wenn Hugo auf eine gewaltsame Dramatisierung des Stoffes, wie sie selbst in der Exegese oft vorgenommen wurde, verzichtet und den Charakter eines Wechselgesangs beibehält.[162] Dass dabei die Rolle des Chors, rein materiell betrachtet, übermäßig erweitert würde, kann man nicht wirklich behaupten. Es ist nicht zu vergessen, dass der biblische Text keine Regieanweisung enthält und es schon bei der Übersetzung eine Frage der Interpretation ist, welche Texte

---

[158] Victor Hugo: La Fin de Satan, Édition Gallimard 1984, 300-301 Anm. 66.
[159] So der Titel einer Schrift Victor Hugos über den großen Briten.
[160] André Maurois: Olympio, 330.
[161] Die Zeittafel bei: Victor Hugo, La Fin de Satan (Édition Gallimard), 248, lässt ihn erst 1854 mit dem Werk beginnen und weiß S. 249 für das Jahr 1859 von einer Wiederaufnahme des Werkes zu berichten, die aber bereits im darauffolgenden Jahr 1860 von der Fortsetzung der Arbeit an Les Misérables verdrängt worden sei.
[162] Reisende wissen zu berichten, dass ein solcher Wechselgesang, chant alterné, noch heute in der Normandie und der Bretagne stark verwurzelt ist. Die Familie von Hugos Mutter stammte aus dieser Gegend und Hugos Roman vom Revolutionsjahr 1793 (Quatrevingttreize) spielt darin.

man einem Chor in den Mund legen will. Dadurch kann es natürlich sein, dass ein unbedarfter Bibelleser dazu neigt, die Bedeutung eines Chores zu unterschätzen. Jedenfalls, wie oben ausgeführt, hat die Exegese längst hervorgehoben, wie die „Töchter Jerusalems", ob mit oder ohne direkte Zitate, durchaus eine zentrale Rolle im Hohen Lied einnehmen.

Inhaltlich liegt bei Hugo der Akzent vor allem auf der persönlichen Beziehung zwischen den Liebenden. Er übersetzt so die sinnlichen Bilder des Hohen Liedes in den seelischen Bereich. Dabei stellt er die allmähliche Entwicklung dar, durch die die Liebe den Liebenden zu Bewusstsein kommt, bis sich der Wunsch einer engeren Bindung festigt. In den Naturanspielungen gibt Hugo seinen persönlichen Neigungen nach. Er lässt besonders den Wald und das Leben im Wald mit seinen Vögeln eine große Rolle spielen, und gewissermaßen an die Stelle des Weinbergs im Hohen Lied treten.[163] Es gehört aber wohl zur Eigenart des Hohen Liedes, dass es diese Freiheit lässt, die mehr oder weniger zufälligen Naturbezüge durch die eigenen Vorlieben oder durch die eigene bekannte Natur auszutauschen. In der Wort-Verbindung „Wald von Aser" stützt er sich auf eine sehr seltene und nicht genau definierte, aber wahrscheinlich in der Nähe von Sichem anzusiedelnde Ortsbezeichnung, die nach einem der unbedeutenderen Stämme Israels ihren Namen erhalten hat.[164]

Gerade dieser persönliche Akzent in Hugos Dichtung schützt sie vor der Kritik als bloße Allegorie. Natürlich verlangt der Zusammenhang der großangelegten epischen Dichtung, dass dieser Gesang von Betphage die Ankunft Jesu in der Geschichte vorbereiten soll. Doch diese höhere

---

[163] Maurois, Olympio: 198 weiß von einer mit seiner Geliebten Juliette Drouet gemeinsam unternommenen „herbstlichen Wallfahrt" vom 20. bis 24. Oktober 1851 in den Wald von Fontainebleau zu berichten. Sie findet Widerhall in ihren zitierten Worten: „Mein Herz ist zugedeckt von all den toten Blättern meiner Illusionen. Aber ich fühle in meinem Innern einen Saft aufsteigen, der nur auf Deinen lebenspendenden Odem wartet, um Blume und Frucht zu werden ...".

[164] Vgl. Rienecker: Art. Asser, in: Bibellexikon, Sp. 144-145: „Vielleicht ein Ort östl. von Sichem an der Grenze des Stammes Manasse (Jos 17,7). Genaue Lage ist unbekannt."

Bedeutung, die sich erst aus dem Zusammenhang ergibt, hebt damit den unmittelbar realistischen Sinn der Stelle innerhalb dieser Dichtung nicht auf.

Wie mannigfaltig die Anspielungen auf Stellen im Hohen Lied sind, wurde versuchsweise in den Fußnoten zu der Übersetzung deutlich gemacht. Dass Hugo sich dabei so auf die persönliche Beziehung der Liebenden und ihre Entwicklung von der ersten unbewussten Regung bis zum konkreten Heiratswunsch (man vergleiche die Steigerung in den Zugehörigkeitsrefrains des Hohen Liedes, aber auch den zeitweiligen Wechsel zur Anrede der Geliebten als „Braut" in dem Abschnitt Hld 4,8 – 5,1) konzentriert und die Hinweise auf die störenden Einflüsse der Gesellschaft und der Familie außen vorlässt, verwundert vielleicht. Hätte nicht gerade hier ein politischer Flüchtling jede Menge Anknüpfungspunkte finden müssen? Brauchte er etwa eine ungestörte Idylle als Gegenbild zur nüchternen Realität, wie er sie selber erlebte? Selbst der Tod wird hier nur noch als Metapher verwendet. Aber die politischen Bezüge sind doch vielleicht nicht ganz abwesend, sondern nur besonders versteckt gehalten. So überrascht der in den VV. 65 bis 68 unmotiviert getroffene Entschluss des Liebhabers im Fall der Heirat nicht mehr fortzuziehen. Drückt sich hier die Sehnsucht des umherirrenden Exulanten nach Sesshaftigkeit und Sicherheit aus? Im Exil war möglicherweise der Zusammenhalt der Familie besonders wichtig. Hugo weigerte sich, selbst dann zurückzukehren, als sich die Möglichkeit einer Amnestie abzuzeichnen begann; das wäre allzusehr gegen seinen Stolz gewesen.[165] Auch der an die Stelle der Wächter tretende finstere Soldat (Z. 165) scheint eine Anspielung auf die bürgerkriegsähnlichen Ereignisse während des Staatsstreichs Napoleons III. zu sein. Wenn Hugo die Verliebten

[165] Heinrich Mann: Geist und Tat, 54: „[...] er bleibt fern, auch nach der Amnestie; bleibt auf den kleinen englischen Inseln, die vor Frankreich liegen. Verbannt sich selbst, leistet Verzicht auf zahlreiche Gesellschaft, die Menge der Verehrer, auf den Rausch persönlicher Erfolge, den belebenden Atem der Öffentlichkeit. Warum? Wegen einer Idee, der Republik." Um so eiliger hat er es hinterher. Ebd., 57: „Der alte Verbannte darf, ohne sich etwas zu vergeben, heimkehren; aber im Land steht der Feind. Er verlor dennoch keine Minute. Am ersten September war Napoleon geschlagen, am fünften fuhr Victor Hugo nach Brüssel, trat an den Schalter und verlangte, die Stimme zitternd vor Erregung, die Karte nach Paris. Dann zog er, ohne es zu wissen, seine Uhr. Diese Zeit war also aus."

auch Riesen bezwingen lässt (V. 132), konnte er an sein Verhältnis zu Napoleon III. denken: Wenn Verliebte sogar Riesen bezwingen, um wieviel mehr dann „kleine" Napoleons! Könnte in diesem Gedanken vielleicht sogar ein Schlüssel zu diesem Gedicht gefunden werden? Oder wäre der Gedanke zu abwegig, dass Hugo mit dieser Dichtung sein Verhältnis zu Juliette Drouet, seiner treuesten Geliebten, neu verjüngen wollte? Juliette rettete ihm in den Wirren des Staatsstreichs das Leben und folgte ihm als unscheinbares Anhängsel seiner Familie ins Exil. Gegenüber so vielen flüchtigen Liebschaften Hugos bekam diese Beziehung dadurch Bewährung in der Gefahr. So rechtfertigt er seine Beziehung in einem Brief an seine Frau Adèle mit den Worten: „Sie hat mir das Leben gerettet; das werdet Ihr alles später erfahren; ohne sie wäre [ich] in jenen Tagen verhaftet worden und verloren gewesen. Diese absolute, restlose Ergebenheit hat seit zwanzig Jahren nie versagt. Ohne diese Frau – ich sage Dir das, wie ich es vor Gott sagen würde – wäre ich zur jetzigen Sunde tot oder deportiert …".[166] Sich selbst beschreibt Juliette mit den erschütternden Worten: „Ich will Dir eine zuverlässige Freundin sein, zärtlich, ergeben, mit dem Mut eines Mannes, der Besorgtheit einer Mutter und der Uneigennützigkeit einer Toten …".[167]

Den durch die vielen Vergleiche geprägten biblischen Stil ergänzt Hugo durch seine eigenen stilistischen Besonderheiten. Dazu gehört in erster Linie das Spiel mit kühnen Antithesen, die, oft auf engstem Raum einander unmittelbar gegenübergestellt, in dieser unverbundenen Schroffheit eine eigene Dynamik entfalten. Als glänzendes Beispiel dafür kann in dieser Dichtung die Strophe der Verse 155-160 stehen. Wegen ihrer machtvollen Schönheit sollen diese Verse hier im französischen Original stehen:

Dans l'obscurité, grand, dans la clarté, divin,

Vous régnez; votre front brille en ce monde vain

---

[166] Zitiert nach Maurois: Olympio, 310.

[167] Zitiert nach Maurois: Olympio, 307. Maurois kommentiert diese Aussagen ebenda mit der Feststellung: „Nie hat eheliche Selbstentäußerung einen solchen Grad von Verzicht erreicht."

Comme un bleuet parmi les seigles;

Absent, présent, de loin, de près, vous me tenez;

Venez de l'ombre où sont les lions, et venez

De la lumière où sont les aigles!

Hier wird ein Gegensatz zu den anderen Strophen durch die direkte Anrede in der respektvollen Pluralform „vous" erzeugt, die jedoch im Französischen weniger formell klingen soll als das deutsche „Sie". Es ist dann vor allem der Gegensatz von Licht und Dunkel, der die Strophe in einen Rahmen fasst und zusammenhält. Dazwischen stehen die Gegensätze Anwesenheit – Abwesenheit, sowie Nähe – Ferne; außerdem der schon mehr im Stil der biblischen Sprache gehaltene, aber durch ein eigenes Beispiel gestaltete Vergleich zwischen der Kornblume und dem Roggen (im Hohen Lied etwa wie Lotus und Distel), sowie der klaren Stirn und der eitlen Welt (Anspielung auf den biblischen Kohelet!). Der Gegensatz Licht und Dunkel könnte einen Anhaltspunkt in der Beschreibung bzw. Selbstvorstellung der Liebenden gefunden haben („schwarz bin ich und schön" … „er ist strahlend und rot"); oder auch als Metapher für den das Hohelied indirekt durchziehenden Gegensatz von Tod und Leben stehen. Die Gegensätze von Nähe und Ferne erinnern an das Motiv der Suche.[168]

Die dadurch gesteigerte Sehnsucht schlägt am Ende des Gedichtes wieder durch, mit dem dringenden Wunsch, keine unnütze Zeit zu verlieren. Sonst gilt: „Ich bin traurig wie die Gräber" (V. 187). Was Tod und Grab überwindet, wird nicht mehr ausgesprochen. Das Gedicht soll dem Fortgang des gesamten Epos nicht die Spannung nehmen, sondern diese vielmehr durch

---

[168] Heinrich Mann in: Geist und Tat, 65, allgemein über die Bedeutung der Antithesen bei Hugo: „Diese berühmten Antithesen sind auch nicht Selbstzweck und leerer Effekt; sie helfen zum vollen Leben, zu einer gewissen Überwachheit. Sie verdeutlichen bis ins Ungeheure. Sie erheben auch den Einfachen zur Ahnung des Höchsten. ‚Die fortwährenden Antithesen Gottes', - das ahmen sie nach." Im Unterschied zu dem auf Vollständigkeit und Genauigkeit bedachten Hugo von Hofmannsthal konzentriert sich Heinrich Mann in seinem Aufsatz gleich auf die ihm wesentlichen Gesichtspunkte, die dennoch zugleich beispielhaft für das Ganze sind.

die in den Versen 185-196 ausgesprochene Ungeduld noch aufs Äußerste steigern.[169]

7. Else Lasker-Schüler: vier Gedichte

Bei der relativen Dominanz einer weiblichen Perspektive im Hohen Lied, darf auch das Beispiel einer Dichterin im Reigen nicht fehlen. Dass Else Lasker-Schüler hier als einzige dichtende Frau vorkommt, wird halbwegs dadurch wieder wett gemacht, dass sie in der Entwicklung als eine Art Höhepunkt dargestellt werden kann. Sie hat sich nämlich die metaphorische Sprache der Bibel und insbesondere des Hohen Liedes so zu eigen gemacht, dass daraus eine eigene dichterische Sprache entstanden ist.[170] Eine Verbindung zum Hohen Lied nimmt Henneke-Weischer vor allem in der Gedichtsammlung „Styx" wahr, die eine Reihe erotischer Liebeslieder enthält.[171] Der lyrische Dialog, wie er in einem späteren an Gottfried Benn gerichteten Zyklus zum Zuge kommt, bildet schon darin eine formale Brücke zum Dialogcharakter des Hohen Liedes, dass auch dieses am Ende nichts anderes sein möchte als ein solcher Dialog. Tragischerweise zerbrach der von Else Lasker-Schüler versuchte Dialog an Benns nihilistischem Individualismus, der ihn zu einer

[169] H. Mann: Geist und Tat, 285, über eine solche Ungeduld vor dem Hintergrund der eigenen noch bevorstehenden Emigration (aus der Rede über Hugo von 1935): „Dieser Mann nun, den das Glück überschüttet hatte in unvorstellbarer Art, am gegebenen Punkt seiner Laufbahn wirft er alles hin, Ehren, Gunst, Stellungen, um achtzehn Jahre eines Lebens, das nie wieder anfängt, auf einem einsamen Felsen zu verbringen. Das soll man nachmachen, wenn man dazu das Zeug hat [...]." 287: „Menschen des zwanzigsten Jahrhunderts kann man sich nicht vorstellen als einsame Kämpfer, als Verfolgte, die lieber alles opfern wollen als nachgeben und sich den Umständen fügen. Aber solche Menschen haben gelebt: einer war dieser Dichter. Er hatte ein sehr festes Herz; das ist der Grund für alles, was er vollbracht hat. Daher gab er auch ein Beispiel, so unvergänglich wie sein Werk." Ein Beispiel, das noch immer helfen sollte, auch den Flüchtlingsschicksalen des 21. Jahrhunderts mit Verständnis und Hilfsbereitschaft sowohl als Tatkraft und Ausdauer zu begegnen.

[170] Vgl. dazu die umfangreiche Arbeit von: Andrea Henneke-Weischer: Poetisches Judentum. Die Bibel im Werk Else Lasker-Schülers, Mainz 2003, 119: „Die sich [...] abzeichnende Tendenz zu einer ‚Hebraisierung' der Bilderwelt gründet – so meine These – in einem wachsenden Interesse am eigenen Judentum, das nicht historisch, politisch oder religiös, sondern literarisch gesucht wird."

[171] A. Henneke-Weischer: Poetisches Judentum, 148: „Diese Affinität ist meiner Meinung nach nicht zufällig oder Folge der erotisch-religiös aufgeladenen Bildwelt des naturmagischen Jugendstils, sondern ist bedingt durch eine bewusste Orientierung an biblischer Symbolik [...]." Das., 149: „Das Hohelied erscheint als basaler Prätext der Liebesgedichte. Mit seinen Elementen wird affirmierend die Liebe gefeiert oder aber reflektierend abgewehrt."

Absage an diesem Versuch veranlasste.[172] *Der Schmerz dieser und ähnlicher Trennungen begleitet sie bis ins Exil, wie das letzte der hier besprochenen Gedichte von ihr erkennen lässt.*

Diese Gedichte aus verschiedenen Lebensphasen der Dichterin verdeutlichen auf ihre Weise, wie sich Motive des Hohen Liedes durch ihre gesamte Dichtung durchziehen.

a) Sulamith

Sulamith[173]

O, ich lernte an deinem süßen Munde

Zuviel der Seligkeiten kennen!

Schon fühl ich die Lippen Gabriels

Auf meinem Herzen brennen ....

Und die Nachtwolke trinkt

Meinen tiefen Zederntraum.

O, wie dein Leben mir winkt!

Und ich vergehe

Mit blühendem Herzeleid

Und verwehe im Weltraum,

In Zeit,

In Ewigkeit,

Und meine Seele verglüht in den Abendfarben

Jerusalems.

---

[172] Gabriele Sander, Else Lasker-Schüler. Die Gedichte, Nachwort 465-466: „Die kaum verschlüsselten Gedichte und Widmungen [...] inszenieren ein Spiel aus Liebeswerben und Abweisung, aus Nähe und Distanz. [...] Benns Absage, die in ein offensives Bekenntnis zum Einzelgängertum und zum ‚Nihilismus' [...] mündet, ist gleichzeitig auch eine Abgrenzung von Else Lasker-Schülers Poetik des Dialogs, die gerade für ihre Liebeslyrik charakteristisch ist."

[173] Text nach: Else Lasker-Schüler: Helles Schlafen, 25.

Dieses Gedicht, im Erstdruck in einer Zeitschrift veröffentlich, wurde später in die Sammlung „Styx" mit aufgenommen. Hier stellt der Titel „Sulamith"[174] bereits einen eindeutigen Bezug zum Hohen Lied her. Wenn es da in Z. 3-4 heißt: „Schon fühl ich die Lippen Gabriels / Auf meinem Herzen brennen …", so könnte man in diesen durch die Formulierung auf eine unbestimmte Zukunft aus Sicht der Sulamith weisenden Worten auch eine neutestamentliche Anspielung vermuten: die Verkündigungsszene bei Lukas.[175] Damit sähe Else Lasker-Schüler in der Dichterin und Geliebten des Hohen Liedes so etwas wie ein Vorbild für die Maria genannte Mutter Jesu im NT, deren jüdischen Charakter in Erinnerung rufend.[176] Was Maria und Sulamith verbindet, ist die ausschließlich weibliche und zugleich jüdische Fähigkeit, einen Messias zu empfangen und auf die Welt zu bringen, sei es im Gedicht oder in Person.[177] Es scheint, als ob hier mit der Ahnung des Erzengels auch die Ahnung von Verzicht, von Herausgenommensein aus dem gewöhnlichen Leben für die Dichterin sich verbindet und einige Zeilen später im „Herzeleid" deutlicher zur Sprache kommt. Der persönliche Grund für die Notwendigkeit des Verzichts wird in den ersten Zeilen in dem „Zuviel der Seligkeiten" gesucht, das einen einfachen irdischen Rahmen auf die Dauer sprengen und darum ein Verströmen in den Kosmos, den „Weltraum", nach sich ziehen muss.[178] Das „Zuviel" ist Grund dafür, dass eine solche Beziehung in dieser Intensität nicht dauerhaft festgehalten werden kann,

---

[174] Gabriele Sander: Else Lasker-Schüler. Die Gedichte, 289, kommentiert: „Das Gedicht wurde später in die *Hebräischen Balladen* (1912/13) aufgenommen, und es bildet den Abschluss zu dem Buch *Das Hebräerland* (1937; KA 5, S. 156f.)." Dieser Umstand deutet auf eine starke Anhänglichkeit der Dichterin an dieses Gedicht.

[175] A. Henneke-Weischer: Poetisches Judentum, 164, verweist auf das Danielbuch und hier vor allem auf „Dan 8+9, 20-27". Damit dürfte offenbar das ganze achte Kapitel des Danielbuches mit dem zusätzlichen Abschnitt der angegebenen Verse aus dem 9. Kapitel gemeint sein. Natürlich dürfte diese Stelle wiederum Vorbildfunktion für den Evangelisten Lukas (Lk 1,19ff.) bei der Gestaltung der Verkündigungsszene gehabt haben, deren Bezug zu Lasker-Schülers Gedicht Gabriele Sander: Else Lasker-Schüler. Die Gedichte, 289, richtig erkennt und erwähnt.

[176] Wenige Christen scheinen sich der Konsequenz bewusst zu sein, die sich daraus ergibt, dass Volks- und Religionszugehörigkeit nicht so sehr eine Frage der Abstammung als viel eher der Erziehung innerhalb der Familie ist.

[177] Else Lasker-Schüler konnte wahrscheinlich beides nebeneinander stehen lassen, auch wenn sie nach wie vor aus der Erwartungshaltung lebte, dass das Messianische noch nicht endgültig in die Welt gekommen ist. Vgl. A. Henneke-Weischer: Poetisches Judentum, 68-69, zu ihrem Verständnis des Versöhnungstages.

[178] Wobei zu beherzigen bleibt, was A. Henneke-Weischer: Poetisches Judentum, 163, bemerkt: „'Zu viele' meint hier nicht ein überschrittenes Maß, sondern verdeutlicht die Überfülle an Seligkeiten, die das lyrische Ich vom angesprochenen Du erfahren hat."

andererseits aber auch dafür, dass der Dichterin das Vergessen nicht gelingt: „O, wie dein Leben mir winkt." Einziger Ausweg ist dann das Eingehen dieser Beziehung in eine neue Dimension. Mithilfe der trinkenden Nacht*wolke*, vielleicht ein Bild für das nicht spurlos vorbeiziehende Schicksal, aber auch genährt mit unzähligen biblischen Anspielungen von der Wüstenwanderung bis zum Hohen Lied, zieht dieser den seines Gegenstands beraubten Lebenstraum der Dichterin, den „Zederntraum", an sich. Die später im Umfeld des heiligen Landes selten gewordenen und früher vor allem im Libanon anzutreffenden Zedern[179] spielen in der biblischen Sprache im wörtlichen wie metaphorischen Sinn eine vielfältige Rolle. In Hld 1,17 stehen sie für das Brautgemach im Freien und die natürlichen Wände um das Lager herum im Grünen. Die Verbindung von Zeit und Ewigkeit verdichtet sich am Schluss in dem besonderen Ort Jerusalem. Die Verklärung der erhöhten Altstadt Jerusalems in der Abendsonne wird bis heute von Einwohnern wie Reisenden gepriesen. Farben und ihre Symbolik spielen im Hohen Lied wie in der persönlichen Dichtersprache Else Lasker Schülers eine hervorgehobene Rolle. Vielleicht hat sie auch hier mit an jene für sie so wichtige Farbe gedacht, die am Ende des folgenden Gedichtes ausdrücklicher beim Namen genannt wird.

b) Zebaoth

Zebaoth[180]

Gott, ich liebe dich in deinem Rosenkleide,

Wenn du aus den Gärten trittst, Zebaoth.

O, du Gottjüngling,

[179] Vgl. Fritz Rienecker (Hg.): *Art.* Zeder, in: Lexikon zur Bibel, Wuppertal 1998, Sp. 1754: „Von den ausgedehnten Zedernwäldern, die den Libanon früher bedeckten, sind nur noch an drei Stellen klägliche Reste vorhanden [...]."
[180] Text nach: Else Lasker-Schüler: Helles Schlafen – dunkles Wachen, 24.

Du Dichter,

Ich trinke einsam von deinen Düften.

Meine erste Blüte Blut sehnte sich nach dir,

So komme doch,

Du süßer Gott,

Du Gespiele Gott,

Deines Tores Gold schmilzt an meiner Sehnsucht.

Das Gedicht „Zebaoth", im Erstdruck im Band „Der siebente Tag" erschienen,[181] scheint durch die bereits im Titel auftauchende Gottesbezeichnung auf ein anderes Gedicht aus der Sammlung „Styx" zu verweisen, mit dem Titel „Das Lied des Gesalbten", in dem Gott dieselbe Bezeichnung erfährt. Durch diese Einbeziehung Gottes selbst wird die menschliche Liebe nicht verbrämt oder übersteigert, sondern umgekehrt: Gott erscheint in der ihm zugewiesenen Rolle eines Liebhabers stark vermenschlicht. Nahe gelegt wird dies durch Ausdrücke wie: „Gottjüngling", „süßer Gott", „Gespiele Gott." Am Anfang begegnet die Blumenmetapher: „Gott, ich liebe dich in deinem Rosenkleide". Im „Rosenkleide" könnte man fast so etwas wie eine Metapher für das Hohe Lied als Ganzes erblicken: tritt uns doch in diesem biblischen Buch der nicht ausdrücklich genannte Gott wie in einer Verkleidung aus Rosen entgegen. Der folgende, sich unmittelbar anschließende Vers bettet diese Aussage in das Gartenmotiv: „Wenn du aus den Gärten trittst, Zebaoth." Die an den „Gottjüngling" angehängte Apposition „du Dichter" könnte den göttlichen Liebhaber zugleich mit dem eigentlichen Autor des Hohen Liedes identifizieren wollen. Die Einbeziehung aller Sinne, in dem Satz: „ich trinke einsam von deinen Düften", verweist stark auf Hld 4,16. Nur das Motiv der grundsätzlichen Einsamkeit, im Hohen Lied allenfalls im Sinne vorübergehender Trennung gegenwärtig, dürfte die besondere

[181] Siehe Gabriele Sander: Else Lasker-Schüler. Die Gedichte, 312. Die Ausgabe „Helles Wachen" reiht das Gedicht, S. 24, in die „Hebräischen Balladen" ein.

Erfahrung der Dichterin wiedergeben, dann aber in dieser besonderen Umrahmung von „Dichter“ und „Düften“ noch einmal ein besonderes Gewicht erhalten. Beim anschließenden Sehnsuchtsmotiv: „Meine erste Blüte Blut sehnte sich nach dir“ dürfte der Ausdruck „Blut“, mit „Blüte“ eine klangvolle Assimilation bildend, in erotischen Zusammenhängen sonst nicht biblisch, der literarischen Mode der Zeit geschuldet sein.[182] Der letzte Vers klingt überraschenderweise ganz so, als habe Else Lasker-Schüler das von uns behandelte Gedicht Victor Hugos mit seinem Dahinschmelzen des männlichen Stolzes gekannt:[183] „Deines Tores Gold schmilzt an meiner Sehnsucht.“ Bei dem Vorläufergedicht „Das Lied des Gesalbten“ aus dem Styx-Zyklus konnte man noch zweifelhaft sein, ob „Zebaoth“ hier mehr die Rolle des Liebhabers innehat oder desjenigen, der zur poetischen Liebesleidenschaft inspiriert.[184] Der in diesem Gedicht selbst noch einmal wiederholte Auftrag: „Verschwenden sollt du mit Liebe!“[185] lässt die Adresse völlig offen. Im Gedicht „Zebaoth“ rückt Gott dagegen zunächst einmal eindeutig auf die Seite des Liebhabers, und erscheint uns dadurch wie „magisch“ gebannt durch die Kunst der Dichterin.

c) Palmenlied

Palmenlied[186]

O du Süßgeliebter,

Dein Angesicht ist mein Palmengarten,

---

[182] Vgl. A. Henneke-Weischer: Poetisches Judentum, 146: „In diesem Band [Styx, A.R.] erweist sich Lasker-Schüler als Kind ihrer Zeit: beeinflusst von Vitalismus, Lebenskult und Naturmystik, Jugendstil und Naturlyrismus.“

[183] Was bei der erwähnten Unbekanntheit dieses Gedichtes des sonst sehr bekannten Dichters Hugo eher unwahrscheinlich sein dürfte.

[184] A. Henneke-Weischer, Poetisches Judentum, 157, versteht jedoch auch dieses Gedicht schon so: „Zusammenfassend kann man sagen: Das Gedicht artikuliert einen Bund zwischen Zebaoth und angesprochenem Du.“

[185] Vgl. Gabriele Sander, Else Lasker-Schüler. Die Gedichte, 26-27 (fehlt in: Helles Schlafen).

[186] Text nach: Else Lasker-Schüler: Helles Schlafen – dunkles Wachen, 89. Diese Ausgabe bietet die Fassungen nach letzter Hand. So entstammt der Titel wahrscheinlich dem Zweitdruck in „Die gesammelten Gedichte“, [2]1919. Im Erstdruck, als Teil der „Styx“-Sammlung, trug es offenbar den Titel „Dem Prinzen von Marokko“. Unter diesem Titel findet es sich auch wieder in der Ausgabe: Gabriele Sander, Else Lasker-Schüler. Die Gedichte, 114-115, Nr. 151. Vgl. das., S. 343: „Als eine Art Vermächtnis dieser Beziehung findet sich in den Gesammelten Gedichten (1917 u.ö.) unter dem Obertitel Gottfried Benn […] der gesamte Zyklus der ihm gewidmeten Gedichte.“ Diese Ausgabe bietet die Gedichte nach ihren Erstdrucken, gibt aber im kritischen Kommentar die Abweichungen der späteren Fassungen an.

Deine Augen sind schimmernde Nile
Lässig um meinen Tanz.

In deinem Angesicht sind verzaubert
Alle die Bilder meines Blutes,
Alle die Nächte, die sich in mir gespiegelt haben.

Wenn deine Lippen sich öffnen,
Verraten sie meine Seligkeiten.

Immer dieses Pochen nach dir -
Und hatte schon geopfert meine Seele.

Du mußt mich inbrünstig küssen,
Süßerlei Herzspiel;
Wir wollen uns im Himmel verstecken.

O du Süßgeliebter.

In dem als „Palmenlied" überschriebenen Liebesgedicht, das der an Gottfried Benn gerichteten Sammlung entstammt, fällt zu Beginn der Vergleich mit dem „Palmengarten" auf, womit man sich an den pardes, den Baumgarten, in Hld 4,13 erinnert fühlen darf. Der Vergleich der Augen des angesprochenen Geliebten mit „schimmernden Nilen" erinnert von ungefähr an den in Hld 7,4 stehenden, dort allerdings auf die Frau gemünzten, Vergleich mit den Teichen von Cheschbon. Zugleich wird in dem gesamten Vers das Motiv des Tanzes aufgegriffen: „Deine Augen sind schimmernde Nile lässig um meinen Tanz." Damit steht das gegenseitige Sich-Zeigen und Sich-Widerspiegeln durch Augenkontakt im Raum, wie man es vom Hohen Lied mit seinen vielen sprachlichen Abwandlungen her kennt. Da wird das dann noch einmal zusammengefasst in den Versen: „In deinem Angesicht sind verzaubert / Alle die Bilder meines Blutes, / Alle die Nächte, die sich in mir gespiegelt haben." Daraus ergibt sich die Sprache des eigenen Verlangens und der

Zugehörigkeit: „Immer dieses Pochen nach dir“. Bei einem Augenkontakt, diesem Akt des Empfangens und Gebens, ist das ganze Gesicht beteiligt, das auch aus seiner Passivität heraustreten kann: „Wenn deine Lippen sich öffnen / Verraten sie meine Seligkeiten.“ Die für den Stil der Zeit übliche Subjekt-Objekt-Vertauschung äußert sich hier darin, dass der Sprechende die Seligkeiten des Gegenübers ausspricht und der verzaubert Blickende selbst zum Zauberer wird. Die Zeilen mit den sich öffnenden Lippen und dem Heraustreten aus der Passivität finden sich vielleicht nicht von ungefähr in der Mitte des Gedichts, das durch die Anrede „O, du Süßgeliebter“ am Anfang wie am Ende einen äußeren Rahmen erhält. Auf diese Weise ergibt sich eine Art konzentrische Struktur, wie man sie an einer ganzen Reihe von Psalmen und psalmenähnlichen Texten der Bibel kennt. Ob hier Else Lasker-Schüler im Titel mit dem ähnlichen Klang von Palmen und Psalmen (Palmen- statt Psalmenlied) spielt? Der Anschauende verzaubert durch sein Verzaubertsein, verrät im Sprechen die Seligkeiten der Angeschauten, was er am Ende mit seinen Küssen besiegeln und durch ein himmlisches Versteckspiel vollenden soll. Mit dem Motiv der Suche und des Wiederfindens scheinen die Erfahrungen von Entfremdung in den vorhergegangenen Gedichten des Zyklus‘ fortgesetzt zu werden. Das tönt auch in einem der folgenden, an den paradiesischen Palmengarten des Anfangs anklingenden Verse weiter: „Wir wollen uns im Himmel verstecken“. Ist nicht bereits das Hohe Lied mit seinem Wechsel von Trennung und Wiedervereinigung ein einziges literarisches Versteckspiel? Es spielen ja nicht nur die Liebenden ein solches Spiel, auch der Autor scheint ein solches mit seinen Lesern und Leserinnen mit all den versteckten und erst zu entdeckenden Motiven zu spielen. Das könnte fast wie ein Hinweis auf das Sichverstecken des Menschenpaares nach der Kostprobe vom Baum der Erkenntnis anmuten. Damals schloss sich die Menschheit aus dem Paradies aus. Hier steht der Versuch, durch ein umgekehrtes Sich-Verstecken (nicht vor Gott, sondern vor der Gesellschaft und ihren Vorurteilen) dahin wieder zurückzukehren. Sollte dieses Versteckspiel im Himmel vielleicht ein Hinweis darauf sein, dass ihre Liebe nach Benns Absage in eine andere Dimension einging? Darauf könnte manches andere Gedicht der Sammlung deuten, z.B. in „Dem Barbaren" heißt es: „Ich liebe dich wie nach dem Tode".[187] Ganz ähnlich stehen auch im Palmenlied die Verse: „Immer dieses Pochen nach dir – und hatte schon geopfert meine Seele", wie die Erinnerung an einen auf sich genommenen Verzicht. Wie bei Heyse das Motiv der rufenden Stimme in seiner „Maria von Magdala", so spielt in Else Lasker-Schülers „Palmenlied", aber auch in anderen Gedichten an Benn vor allem das Motiv des Augenkontaktes eine entscheidende Rolle, vielleicht aus dem Gespür heraus, wie gerade dieses Motiv geeignet ist, die Brücke zur seelischen Dimension der Liebe hinüberzuschlagen. Wieder zeigt sich, wie es gerade die Vielfalt der im Hohen Lied angesprochenen Sinne ist, die dichtenden Personen wie Heyse und Else Lasker-Schüler die seelisch-geistige Dimension der Liebe gestalten hilft, um anschaulich zu machen, wie eine geliebte Person trotz Trennung, Abwesenheit oder räumlicher Distanz dennoch als sinnlich gegenwärtig erfahren werden kann.

d) Ich liege wo am Wegrand

Ich liege wo am Wegrand[188]

Treulosen Freunden

Ich liege wo am Wegrand übermattet -
Und über mir die finstere kalte Nacht -
Und zähl schon zu den Toten längst bestattet.

[187] Else Lasker-Schüler, Helles Wachen, 92.
[188] Text nach: Else Lasker-Schüler, Helles Wachen, 166.

Wo soll ich auch noch hin – von Grauen überschattet[189] -
Die ich vom Monde euch mit Liedern still bedacht
Und weite Himmel blauvertausendfacht.

Die heilige Liebe, die ihr blind zertratet,
Ist Gottes Ebenbild .....!
Fahrlässig umgebracht.

Darum auch lebten du und ich in einem Schacht!
Und – doch im Paradiese trunken blumumblattet.

Dieses Gedicht stammt bereits aus der Zeit des Exils und erzählt vom Exil.[190] Es benennt viele Dinge, die das Leben der Dichterin ausgemacht haben: Ihre Beziehung zur Nacht, zum Mond, zum Himmelblau, zur Liebe, zu den Blumen.

In gewisser Weise ist der Ausdruck „Wegrand", aus dem Absagegedicht Benns entlehnt, hier geradezu zur Metapher für das Exil geworden.[191] Diese Fassung aus letzter Hand besitzt gegenüber der Erstfassung eine Reihe von bewussten Aussparungen, die die Aussage noch treffender machen. Gemeinsam mit dem Hohen Lied hat dieses Gedicht das Thema der Nacht, die trotzdem wachend erlebt wird. Die Nacht wird ausdrücklich als finster und kalt beschrieben und nimmt die Todeserfahrung mitten im Leben vorweg: „Und zähl schon zu den Toten längst bestattet": Exil als die schreckliche Weise, wie lebendig begraben zu sein. Das Gedicht lebt von dem

---

[189] Ist es zu weit hergeholt, diesen Vers als Kontrafaktur zur Geistüberschattung der Maria zu verstehen?

[190] Gabriele Sander: Else Lasker-Schüler. Gedichte, Nachwort, 485: „Am 19. April 1933 verließ die 64-jährige Autorin nach tätlichen Übergriffen durch NS-Schergen angesichts der Bedrohung ihres Lebens Berlin für immer und floh in die Schweiz." Nach Gabriele Sander, das. 413, erschien der Erstdruck in: Israelitisches Wochenblatt für die Schweiz, 22. März Nr. 12 (1935), 11. Zur Situation in der Schweiz schreibt Gabriele Sander (das., Nachwort, 486): „Die Frage nach dem Wohin lässt sich in biographischer Lesart gewiss auch auf Else Lasker-Schülers Aufenthalt in der Schweiz beziehen, der von zermürbenden Kämpfen mit der Fremdenpolizei um das Bleiberecht, außerdem von permanenten Sorgen um ihren Lebensunterhalt und ihre Gesundheit überschattet war."

[191] Das Bild des Wegrands taucht auch im Gedicht „Höre" auf. Der Kommentar von Gabriele Sander, Else Lasker-Schüler. Die Gedichte, 348, dazu: „Der Vers ist ein Echo auf Benns Gedicht *Hier ist kein Trost*, das so beginnt: ‚Keiner wird mein Wegrand sein'."

Widerspruch, in dem die Himmel blau vertausendfacht (vielleicht ein Wortspiel mit der Vervielfältigungsmethode der Blaupause? und zugleich eine Vorwegnahme des Ebenbild-Motivs?) sowie die Paradiese trunken blumumblattet, von ihren Liedern beschworen, zu der gegenwärtig erlebten Wirklichkeit stehen, hier als „Schacht“, als „Nacht“, als „Grauen“ jeweils ins Wort gefasst. Auf die ebenfalls düster anklingenden Reimworte „übermattet“, „bestattet“, „überschattet“ und „zertratet“ antwortet als letztes Wort des ganzen Gedichts wie als eine überraschende Umwandlung in positiven Hoffnungsblick das „blumumblattet“. Auch in der Adressierung des Gedichtes findet eine leise, kaum merkliche Verschiebung statt, wenn die relativ unpersönliche Ihr-Anrede in der vorletzten Zeile doch noch zum persönlichen „du und ich“ hinüberschwenkt. Mit den sich auf „Nacht“ reimenden Worten ist das ganze Gedicht durch zwei Reimendungen, eine männliche und eine weibliche, zusammengehalten. Zufall oder Absicht?

Von der Liebe ist hier als „heiliger Liebe“ die Rede, wie sie ja uns auch im Hohen Lied selbst in ihrer menschlichsten Gestalt dargestellt und gleichzeitig durch die Aufnahme in die Bibel geheiligt entgegentritt. Der Grund in Else Lasker-Schülers Gedicht ist so einfach wie außerordentlich: sie eigentlich, die Liebe, die gute Beziehung, nicht so sehr das isolierte Einzelwesen, „ist Gottes Ebenbild“. Im Ersten Schöpfungsbericht wird der Mensch als männlich und weiblich erschaffen und erfährt darin die Zusage, Gottes Ebenbild zu sein. Die nur gemeinsam als Frau und Mann zu erhaltende und entfaltende Ebenbildlichkeit ist Else Lasker-Schüler so wichtig, dass sie die partnerschaftliche Liebe gleich zum Subjekt dieser Ebenbildaussage macht. Ebenso weitreichend sind die Andeutungen zum Verhalten der Angesprochenen: das blinde Zertreten und – daraus resultierend – das fahrlässige Umbringen. Dieser Vorwurf der Fahrlässigkeit fehlt noch in der Erstausgabe, die stattdessen eine anklagende Zeile anfügt, in der von

„schwarzer Niedertracht“[192] die Rede ist. Der Vorwurf der Fahrlässigkeit ist insofern bemerkenswert, als er noch mehr als gegen die eigentlichen Verbrecher gegen die tatenlos zuschauenden Mitläufer gerichtet ist, die diese haben hochkommen und gewähren lassen, ohne zum Schutz der Mitmenschen und im Namen der Gottebenbildlichkeit beizeiten einzugreifen.

8. Paul Celan: Todesfuge

Das „Grauen“, das Else Lasker-Schüler in unheilvoller Ahnung beschwört, wird für spätere Autoren zur schrecklichen Gewissheit.

Todesfuge[193]

(1)[194] Schwarze Milch der Frühe wir trinken sie abends

(2) wir trinken sie mittags und morgens wir trinken sie nachts

(3) wir trinken und trinken

(4) wir schaufeln ein Grab in den Lüften da liegt man nicht eng

(5) Ein Mann wohnt im Haus der spielt mit den Schlangen der schreibt

(6) der schreibt wenn es dunkelt nach Deutschland dein goldenes Haar Margarete

(7) er schreibt es und tritt vor das Haus und es blitzen die Sterne er pfeift seine Rüden herbei

(8) er pfeift seine Juden hervor läßt schaufeln ein Grab in der Erde

(9) er befiehlt uns spielt auf zum Tanz

(10) Schwarze Milch der Frühe wir trinken dich nachts

(11) wir trinken dich morgens und mittags wir trinken dich abends

(12) wir trinken und trinken

(13) Ein Mann wohnt im Haus der spielt mit den Schlangen der schreibt

(14) der schreibt wenn es dunkelt nach Deutschland dein goldenes Haar Margarete

---

[192] Vgl. Gabriele Sander: Else Lasker-Schüler. Die Gedichte, Nr. 291, S. 228.

[193] Text nach: Paul Celan: Ausgewählte Gedichte (Nachwort von Beda Allemann), Suhrkamp-Verlag: Frankfurt a.M. 1968, 18-19.

[194] Die vorgesetzte Verszählung in Klammern ist von mir hinzugefügt, zur Erleichterung der anschließenden Analyse, und gehört nicht zum Text.

(15) Dein aschenes Haar Sulamith wir schaufeln ein Grab in den Lüften da liegt man nicht eng

(16) Er ruft stecht tiefer ins Erdreich ihr einen ihr andern singet und spielt

(17) er greift nach dem Eisen im Gurt er schwingts seine Augen sind blau

(18) stecht tiefer die Spaten ihr einen ihr andern spielt weiter zum Tanz auf

(19) Schwarze Milch der Frühe wir trinken dich nachts

(20) wir trinken dich mittags und morgens wir trinken dich abends

(21) wir trinken und trinken

(22) ein Mann wohnt im Haus dein goldenes Haar Margarete

(23) dein aschenes Haar Sulamith er spielt mit den Schlangen

(24) Er ruft spielt süßer den Tod der Tod ist ein Meister aus Deutschland

(25) er ruft streicht dunkler die Geigen dann steigt ihr als Rauch in die Luft

(26) dann habt ihr ein Grab in den Wolken da liegt man nicht eng

(27) Schwarze Milch der Frühe wir trinken dich nachts

(28) wir trinken dich mittags der Tod ist ein Meister aus Deutschland

(29) wir trinken dich abends und morgens wir trinken und trinken

(30) der Tod ist ein Meister aus Deutschland sein Auge ist blau

(31) er trifft dich mit bleierner Kugel er trifft dich genau

(32) ein Mann wohnt im Haus dein goldenes Haar Margarete

(33) er hetzt seine Rüden auf uns er schenkt uns ein Grab in der Luft

(34) er spielt mit den Schlangen und träumet der Tod ist ein Meister aus Deutschland

(35) dein goldenes Haar Margarete

(36) dein aschenes Haar Sulamith

Die Konsequenzen eines solchen von Else Lasker-Schüler beim Namen genannten fahrlässigen Umbringens, in der Treulosigkeit begonnen, in den Todeslagern massenhaft zu Ende gebracht, hat kaum Jemand so genau veranschaulicht wie Paul Celan[195] in seinem berühmten Gedicht. Das Spiel mit der paradox wirkenden Verbindung von sich ausschließenden Gegensätzen, woran sich bereits Else Lasker-Schüler geübt hatte („Helles Schlafen – dunkles Wachen ...“)[196], wird hier zum bestimmenden Prinzip.

Jede Strophe beginnt mit den Worten „Schwarze Milch der Frühe“ (Verse 1, 10, 19 u. 27) und wiederholt teils Bekanntes aus den früheren Strophen und fügt teils Neues hinzu. Auf diese Weise entsteht wirklich der Eindruck einer Art von Fuge, die das Unentrinnbare und Systematische dieser Todesmaschinerie bedrückender und nachfühlender zum Ausdruck bringt als jeder äußerlich-historische Bericht.[197] Die auffälligste Ähnlichkeit mit dem Hohen Lied besteht in dem Aufgreifen des Namens Sulamith für die beispielhafte jüdische Frau, die Literaturgeschichte schreibt (in den Versen 15, 23, 36, also bezeichnenderweise dreimal). Doch bei näherem Hinschauen zeigt sich, dass das längst nicht die einzige Beziehung ist. Wie im Hohen Lied gibt es auch hier eine besondere, mit ganz neuen Aussagen versehene Farbensymbolik: schwarze Milch, goldenes Haar, aschenes Haar, blaue Augen (Vers 17). Auch die Zeitangabe der Anfangsworte könnte an die Aufnahme des Hohen Liedes im Johannesevangelium erinnern, wenn Maria

---

195 Zur Aussprache dieses durch Umstellung der Silben seines bürgerlichen Familiennamens Antschel, rumänisch Ancel, entstandenen Pseudonyms vgl. W. Emmerich: Paul Celan, 68: „Der ganz andere Mensch mit seinem neuen Namen: das war der Dichter deutscher Sprache Paul Celan – nun auch als öffentliche Person. Übrigens wollte Celan seinen Namen ‚Tsélan' ausgesprochen wissen."

196 So der Vers aus dem Gedicht „Der Letzte", Else Lasker-Schüler: Helles Wachen, 61.

197 Es wird immer seltsam bleiben, warum das Auschwitz-Verdikt gerade auf die Kunst angewendet wurde, während Ärzte, Richter und Bürokraten lange ungeschoren davon kamen. Vgl. Ignatz Bubis, Juden in Deutschland, 65-66: „Es ist ja allgemein bekannt, daß kein NS-Jurist im Nachkriegsdeutschland für seine Todesurteile zur Verantwortung gezogen worden ist, daß kaum ein Arzt, der sich an mörderischen ‚Euthanasie'-Aktionen beteiligt hat, später mit juristischen Konsequenzen hat rechnen müssen." Dieser Vorbehalt gegen die Kunst verblüfft vorallem wegen des darin unausgesprochen vorausgesetzten Vorurteils, dass andere Ausdrucksformen näher bei der Wirklichkeit wären. Wenn aber gerade die Kunst in der Lage ist, besondere Tiefenschichten der Wirklichkeit ans Licht zu bringen, die sonst verborgen bleiben müssten, dann wird sich dies auch gerade bei der Bewältigung der Shoah auswirken, aber natürlich Vorbehalte bei denjenigen wecken müssen, die gerade diese Tiefenschichten gerne verdrängt wissen möchten.

von Magdalena dort loszieht „frühmorgens, als es noch dunkel war ...“ (Joh 20,1). Über diese Vermittlung ist damit an die beiden Suchszenen im 3. und 5. Kapitel des Hohen Liedes appelliert, die eine nächtliche Situation voraussetzen. Die Paradoxität der „schwarzen Milch“ klingt in etwa an das etwas anders gelagerte Paradoxon im Hohen Lied bei der Selbstvorstellung der dichtenden Frau an: „Schwarz bin ich und schön“. Auch dass der Mann als Lagerchef schreibt, wenn es dunkelt (V. 6), und zwar offensichtlich Liebesbriefe, könnte, wenn man die Briefe als ein Versuch des Anklopfens wertet, eine Anspielung auf die Besuchsszene in Hld 5,2-8 sein. Hier macht sie auf die bekannte Schizophrenie im Verhalten des Einzelnen, wie in der gesamten Situation aufmerksam. Dieser Lagerführer wird also als eine Person mit menschlichen Gefühlen beschrieben, als ein Liebender, dessen Liebesfähigkeit jedoch ohne jede Wirkung auf die Ausübung seines Berufs bleibt, bei der er wie eine Maschine zu funktionieren oder, richtiger noch, wie auf Befehl sich mithilfe seiner Hunde selbst in eine reißende Bestie zu verwandeln hat. Er steht damit beispielhaft für eine nur auf Zerstörung ausgerichtete Kultur, die sich, unfähig, die persönlichen Leidenschaften mit einzubeziehen, nur unter völligem Ausschluss aller anderen edleren, in die realitätsferne Welt von Briefen verbannten Gefühle verwirklichen kann.

Welche Umkehrung der normalen Verhältnisse und doch kennzeichnend für ein ganzes Zeitalter: Das Menschliche wird zum Mythos und das mythische Grauen zur alltäglichen Gegenwart! Als Adressatin der Briefe ist die Margarete mit dem goldenen Haar (Verse 6, 15, 23, 32, 36) abwesend gegenwärtig wie eine, die an dem grausamen Geschehen nicht aktiv beteiligt ist und trotzdem, indem sie zur Ablenkung der Aufmerksamkeit herhalten muss, unweigerlich in das Schuldverhängnis mit hineingezogen wird. Heißt es zu viel in das Gedicht hineininterpretiert, wenn man unausgesprochen die Möglichkeit einer Solidarisierung zwischen Margarete und Sulamith beschworen fühlt? Wenn man durch die Bezüge zum Hohen Lied auch die

Hoffnung auf eine andersartige Liebe hindurchschimmern sieht, die sich nicht aufs Briefeschreiben beschränkt, sondern stark ist wie der Tod und deshalb allein imstande wäre, dieser Todesmaschinerie Einhalt zu gebieten? Als sicher dürfte jedenfalls gelten, dass die Namen Margarete und Sulamith nicht nur auf äußere kulturelle Gegensätze abheben, sondern auch einen inneren Zwiespalt in Celan selbst mit seiner Liebessehnsucht und seiner Hin- und Hergerissenheit zwischen den Kulturen beschreiben.[198]

Die schwarze Milch als Getränk erscheint einmal wie die groteske Umkehrung des Weines, dessen beseligender Genuss im Hohen Lied sooft gefeiert wird. In Hld 5,1, also in der Mitte der biblischen Dichtung, werden beide Getränke in Verbindung gebracht, wenn es dort heißt: „getrunken habe ich meinen Wein mit meiner Milch." Von Milch ist in Hld 5,12 ausdrücklich die Rede, wie als Bild für die Iris, wenn die Augen des Geliebten mit in Milch gebadeten Tauben verglichen werden. Auch die dabei erwähnte „Trinkschale" könnte Celan angeregt haben. Die Annahme einer eher dunklen Augenfarbe könnte weiter phantasieren lassen, wie Weiß und Schwarz hier ineinanderfließen und sich gerade deshalb gegenseitig hervorheben.

Bei Celan dienen die refrainartig wiederholten Worte dazu, das quälend Gleichbleibende des schwarzen Lageralltags, wie er jeden Morgen in der Frühe von Neuem begann, nachzubilden. Die schwarze Farbe an der Milch unterstreicht die äußere wie innere Dunkelheit des Geschehens, die alles von Natur aus Weiße (wie z.B. Milch) in Schwarz verwandelt.[199] Auch wenn das an die Selbstvorstellung der Frau im Hohen Lied erinnert, wird von Celan dagegen zur Beschreibung der Sulamith bewusst eine andere auf die Haarfarbe bezogene Bezeichnung der Farbe gewählt: „dein aschenes Haar Sulamith" (Verse 15, 23, u. 36). Diese Bezeichnung einer dunklen bis

[198] Dieser Zwiespalt wird in „In Ägypten", einem weiteren Gedicht der Sammlung „Mohn und Gedächtnis" (Celan: Ausgewählte Gedichte, 21), ausdrücklich zum Thema gemacht.

[199] Ein Hörer meiner Vorlesung fühlte sich bei dieser paradoxen Metapher auch an die Scheinwerfer erinnert, mit denen Lagerflüchtige aufgespürt wurden, die sich in solchem grellen Licht umso dunkler abzeichneten.

farblosen Haarfarbe, die erst nach der zweiten Erwähnung zum goldenen Haar Margaretes hinzutritt (also nicht schon in V. 6), erinnert auf erschreckende Weise an die Realität der Krematorien in den Lagern, in denen Menschen, vor allem die Juden, vergast und dann zu Asche verbrannt wurden, nachdem ihnen alles andere, was irgendwie gebraucht werden konnte, geraubt worden war. Dazu gehörte offenbar auch das Haupthaar. Im Lager Majdanek wurden uns als Besuchern die Haare der am Kopf geschorenen Menschen neben ihren Schuhen gezeigt. Aber sogar die noch übrig bleibende Asche der Ermordeten und Verbrannten sollte damals, wie uns mitgeteilt wurde, Industriezwecken zur Verfügung gestellt werden.

Dem aschenen Haar der Sulamith wird das goldene Haar der Margarete gegenübergestellt. Dadurch, dass die Erwähnung der Sulamith auch bei der vorletzten Wiederholung wegfällt (V. 32), erhält die Gegenüberstellung als Ausklang am Schluss noch einmal besonderes Gewicht. Wenn die Namen zusammenklingen, folgt immer Sulamith auf Margarete, jedoch nie in derselben Zeile (V. 14/15, 22/23, 35/36). Dabei ist auch auf die Hervorhebung durch Großschreibung zu achten. Das Gedicht vermeidet ja sonst jede Zeichensetzung und in der Regel fangen alle Zeilen mit Kleinbuchstaben an, wenn es sich nicht um Substantive handelt. Diese Regel wird durch ein paar Signalworte als Ausnahmen unterbrochen: Bei der ersten Erwähnung von Sulamith in V. 15 heißt es „Dein aschenes Haar“ mit bewusster Großschreibung von „Dein“; die „Schwarze Milch in der Frühe“ beginnt immer mit Großschreibung; „Ein Mann“ in den Versen 5 und 13; „Er“ in den Versen 16 und 24.

Der Name Margarete ist zweifellos eine Anspielung auf Goethes Faust, dessen Gretchen oft genug, wenn auch wahrscheinlich ganz gegen die Absicht des Dichters, als Inbegriff einer deutschen Frau herhalten musste. Die Faustdichtung gilt für Deutschland als die zentrale kulturstiftende Dichtung überhaupt, aber auch, mit Blick auf den Teufelspakt, als warnende

Selbstanalyse der eigenen Abgründe.[200] Der Gegensatz zwischen „schwarz“ und „strahlend rot“, wie er im Hohen Lied das Liebespaar kennzeichnet, wird hier auf die spannungsvolle Beziehung von zwei literarischen Frauengestalten bezogen, die zugleich repräsentativ für ihr jeweiliges Volk stehen. Auch für den Dichter Celan schien also die Dichtung des Hohen Liedes besonders dazu geeignet zu sein, kulturelle Gegensätze und Gegenwelten in Beziehung und zur Sprache zu bringen.

Wo bleibt jedoch in dem Gedicht der Geliebte der Sulamith? Er könnte grausiger Weise nur in jenem Tod, Meister aus Deutschland, aufscheinen, wenn man diesen nicht doch lieber mit einem der grausamen Wächter aus dem Hohen Lied in Verbindung bringen möchte. Das zweimal wiederholte Grab in den Lüften (V. 4, 15), das einmal zu einem „Grab in den Wolken“ (V. 26), dann zu einem „Grab in der Luft“ (V. 33) variiert wird, aber wohl auch mit dem „Grab in der Erde“ (V. 8) korrespondiert, erscheint als Umsetzung des Brautbetts im Freien, wie es in Hld 1,16-17 beschrieben und in 8,5 einmal unter den Apfelbaum, wie als Anspielung auf den paradiesischen Baum des Lebens, verlegt wird. Die fugenartige Flucht von wechselnden, sich wiederholenden, einander ablösenden Satzgliedern könnte auch noch formal an den vielen durch das Hohe Lied sich durchziehenden Refrains orientiert sein. Zu jeder Fuge gehört aber auch der Kontrapunkt, der hier der Bezogenheit der unterschiedlichen Ebenen des Geschehens entsprechen könnte.

---

[200] Zu wenig bekannt ist, dass Schelling in seiner Kunstphilosophie Goethes Faust, so weit zur damaligen Zeit bekannt, als komischen Helden interpretiert, vgl. SW I/5, 732: „So möchte der gewöhnlichen Ansicht davon die Behauptung sehr aufallend seyn, daß dieses Gedicht seiner Intention nach bei weitem mehr aristophanisch als tragisch ist. […] Aber die heitere Anlage des Ganzen schon im ersten Wurf, die Wahrheit des mißleiteten Bestrebens, die Aechtheit des Verlangens nach dem höchsten Leben läßt schon erwarten, daß der Widerstreit sich in einer höheren Instanz *lösen* werden und Faust in höhere Sphären erhoben vollendet werde. In diesem Betracht hat dieses Gedicht, so fremd dieß scheinen möge, eine wahrhaft Dantesche Bedeutung, obgleich es weit mehr Komödie und mehr in poetischem Sinn göttlich ist, als das Werk des Dante.““

Celan scheint zeitlebens schwer unter Plagiatsvorwürfen[201] gelitten zu haben, mit denen er verschiedentlich konfrontiert wurde. Etwas Ähnliches geschah auch, quasi posthum, wegen der Verwandtschaft der „Todesfuge“ mit dem Gedicht „Er“[202] seines ehemaligen Schulkameraden Immanuel Weissglas, das erst wenige Monate vor Celans Tod veröffentlicht wurde. Ein Vergleich zeigt, dass die Originalität Celans, abgesehen von der Fugenform im Gegensatz zu einem traditionellen Reimgedicht, zu einem großen Teil in den Anklängen an das Hohe Lied zu suchen ist,[203] die dem Gedicht von Weissglas völlig fehlen. Celan gelingt es dadurch, gegenüber dem fesselnden Grauen an Deutschland, bei Weissglas fast allein vorherrschend, die eigene jüdische Identität in das Gedicht mit hineinzuholen. Man könnte sich gut vorstellen, dass Celan die Ausblendung dieser Identität in dem Gedicht von Weissglas fast noch mehr treffen musste als die äußere Übereinstimmung zwischen einigen Metaphern.

Ein neuer Biograph Celans, Thomas Sparr, entgegnet dem Hinweis auf die in Czernowitz, der beiderseitigen Heimatstadt, üblichen Wendungen und Metaphern mit der Feststellung: „Hier gibt es indessen zu viele Übereinstimmungen zwischen den beiden Gedichten. Hier lässt sich die Frage nach einem Plagiat oder einer Nachdichtung nicht von der Hand

---

[201] Dieter Lamping: Von Kafka bis Celan, 50, spricht allgemein und unabhängig von der „Todesfuge“ von Plagiatsvorwürfen, die von Claire Goll (Ehefrau des Schriftstellerkollegen Yvan Goll) gegen ihn erhoben wurden, was er als reine „Diffamierungskampagne“ empfunden hätte.

[202] Vgl. den Abdruck des Gedichts in: Th. Sparr: Todesfuge. Biographie eines Gedichts, 255-256.

[203] Auch in diesem Fall fiel mir das Buch Dieter Lampings „Von Kafka bis Celan“ erst nach Abhalten meiner Vorlesungsreihe in die Hände. Neben der Bestätigung meiner eigenen Beobachtungen (vgl. dazu besonders S. 106) fand ich darin auch die Feststellung ausgesprochen, wie wenig diese Bezüge in der übrigen Sekundärliteratur dazu bekannt sind. Lamping zieht daraus als Konsequenz: „Das ‚Hohelied' ist nicht nur eine *Quelle* der ‚Todesfuge'; es ist ihre *Vorlage*. Das moderne Gedicht ist aber nicht die Parodie des biblischen, auch nicht seine Kontradicito; es ist seine Kontrafaktur.“ Diese Kontrafaktur richtet sich aber möglicherweise weniger an das Hohe Lied, als vielmehr an die Tradition der verbrämenden allegorischen Auslegung desselben. Die Todesfuge ist voll von literarischen Anspielungen, die von W. Emmerich: Paul Celan, 53-55, ausführlich aufgezählt werden. Aber nur die Bezüge zum Hohen Lied sind von der Art, dass sie sich gleichbleibend durch das ganze Gedicht hindurchziehen und seine Gesamtstruktur prägen. Bei besserer Beachtung dieses Zusammenhangs hätte auch der synagogale Singsang des Vortrags, der Celan vorgehalten wurde (zu der überlieferten Aussage von Hans Werner Richter vgl. Lamping, Von Kafka bis Celan, 140), kein Vorwurf sein dürfen, da er vielmehr der Absicht dieses Gedichtes besonders angemessen erscheint. Wieder Lamping: Von Kafka bis Celan, 109: „Das chorische Sprechen, typisch für eine Totenklage, erweist sich damit als ‚liturgisch'. [...] Celans ‚Todesfuge' ist in diesem Sinn liturgisch: das pluralische Sprechen kennzeichnet sie als ein Gedicht über die Situation nicht eines Juden, sondern des jüdischen Volks.“

weisen."[204] Genau besehen wird diese Übereinstimmung jedoch bereits durch die Unterschiede in der Formulierung erheblich eingeschränkt. Celan geht auf die ursprüngliche Namensform Margarete (V. 6 u.ö.) zurück (statt „Gretchen") und verleiht ihrem Haar eine besondere Farbe. Der Ausdruck „Meister aus Deutschland" (V. 24 u. 30) hat einen anderen Rhythmus als „deutscher Meister"[205] wie bei Weissglas und ahmt den Tangorhythmus im Anschluss an den ursprünglichen Titel „Todes-Tango" gut nach.

Als Exeget versteht man etwas von der möglichen Abhängigkeit von Texten. Die größere Länge eines Textes ist noch lange kein ausreichendes Indiz. Es ist vor allem darauf zu achten, wie gut die einzelnen Sätze und Wendungen im jeweiligen Zusammenhang stehen, oder ob sie doch noch wie ein Fremdkörper wirken. Die von Celan beschriebene Szene des Lagerchefs, der nachts, „wenn es dunkelt" (V. 6), einen Brief an seine Geliebte schreibt, ist unmittelbar aus dem Zusammenhang verständlich. Es fällt auf, dass die Übereinstimmungen mit Weissglas etwas einseitig in eine Richtung verlaufen, insofern die von Weissglas gebrauchten Bilder und Anspielungen sich alle in Celans Todesfuge wiederfinden, während die Todesfuge eine Fülle von weiteren Ausdrücken und Anspielungen besitzt, die bei Weissglas keine Entsprechung haben. Gerade die Anspielungen auf das Hohe Lied verleihen dem Gedicht Celans seinen besonderen Charakter und durchdringen es von Anfang bis Ende so sehr, dass sie nicht später hinzugefügt worden sein können, sondern von Anfang an präsent gewesen sein müssen. Einen zweiten Hinweis bietet die große Unmittelbarkeit und Anschaulichkeit der Bilder und Ausdrücke bei Celan.[206] Celan bleibt nicht ausschließlich an der Thematik Tod und Grab und dem Gegensatz Enge-Weite hängen, sondern

---

[204] Th. Sparr: Todesfuge. Biographie eines Gedichts, 257.

[205] „Deutscher Meister" klingt wie ein Titel aus dem Sport und lässt nicht so unmittelbar an literarische Anspielungen denken. „Meister aus Deutschland" könnte außer eine Anspielung auf Goethes *Wilhelm Meister* auch den Tangorhythmus aufnehmen („Todestango" war der ursprünglich Titel des Gedichtes). Dass jedoch selbst dieser Ausdruck einen Realitätsbezug darin hatte, dass die „Capos" der Lager oft als Meister bezeichnet wurden, dazu vgl. Thomas Sparr: Todesfuge. Biographie, 69, mit Hinweis auf „L'univers concentrationnaire" von David Rousset.

[206] Schelling (Jahreskalender 1846, 42 [81]), der zeitlebens mit Plagiaten zu kämpfen hatte, stellt fest: „Folge des Plagiats: daß, was man in bestimmten plastischen Worten gefaßt hat, in unbestimmten verschwommen wird."

deutet auch auf die gesamte übrige Lagerrealität hin. So werden die „Juden" als entscheidende Opfergruppe ausdrücklich beim Namen genannt (V. 8). Neben den wohl vor allem metaphorisch zu verstehenden „Schlangen" (V. 5) treten auch die zum Lageralltag eng dazugehörigen „Rüden" (V. 7) in Erscheinung. Dasselbe trifft auf das „Eisen im Gurt" (V. 17) wie auf die bleierne „Kugel" (V. 31) zu[207], deren genaues Treffen die Kehrseite des deutschen Ordnungssinnes entlarvt. Mit der schwarzen „Milch der Frühe" wird die zynisch-klägliche Ernährung beschrieben, der bei Weissglas fehlende „Rauch"[208] (V. 25) weist deutlich genug auf die Krematorien hin. „Das Haus" (V. 5), bei Celan eindeutig das Haus des Lagerchefs, ist bei Weissglas zugleich Bild für das vom Dichter in die Luft gezeichnete Grab der Ermordeten.[209] Bei Celan ist das Grab zunächst ein wirkliches Grab, das die Opfer sich selber mit Spaten (V. 18) zu graben haben, indem sie tief ins Erdreich (V. 16) stechen. Der Bezug zur missbrauchten Musik verdichtet sich konkret in der im Titel enthaltenen „Fuge" mit ihrem unerbittlichen Fortschreiten, das auch in der Form des Gedichts plastisch nachgeahmt wird. All diese so genau bezeichneten Dinge und Wesen glaubt man unmittelbar und äußerst schmerzhaft sehen, hören, schmecken, riechen und spüren zu können.

Man kann hier in Bezug zu Weissglas bei Celan weder von einer Paraphrasierung sprechen, da es sich nicht um Ausschmückungen, sondern um wesentliche Aussagen handelt, noch von einem Gegengesang,[210] da Celan in der Todesfuge so mit der Wirklichkeit befasst ist, dass jeder

---

[207] V. 31 lässt die Kugel am Ende des Verses „genau" treffen und so mit dem „blau" des Auges des Lagerchefs den einzigen Endreim des Gedichtes bilden. W. Emmerich, Paul Celan, 54, deutet literarisch: „Der an einer einzigen Stelle eingebaute Endreim [...] wird dann deutbar als Absage an *den deutschen, den schmerzlichen Reim* als ‚tödlich genauen Treffer'". Kursives wie im Original: Ein Zitat aus Celans frühem Gedicht „Nähe der Gräber", abgedruckt auch in: Thomas Sparr: Todesfuge. Biographie, 57.

[208] Bei Weissglas könnte sich das Grab in den Lüften als Metapher auch ausschließlich auf die poetische, gewissermaßen posthum einsetzende Erinnerung beziehen, ohne ausdrücklichen Gedanken an die Krematorien.

[209] Im Gedicht von Weissglas scheint so die Wirklichkeit und die dichterische Erinnerung vielfach miteinander zu verschwimmen. Etwas selbstverräterisch klingt die letzte Zeile: „da weit der Tod ein deutscher Meister war." Warum die Vergangenheitsform „war"? (einmal abgesehen vom Reimzwang?). Bei Celan dagegen fehlt offensichtlich jede Metaebene, durch die der Dichter noch einmal sein eigenes Tun reflektierte.

[210] So W. Emmerich: Paul Celan, 53.

parodistische Anklang an ein anderes Gedicht als störende Ablenkung erscheinen müsste.[211] Celan war selber nur im Arbeitsdienst,[212] hatte sich aber wohl wegen des Schicksals seiner deportierten Eltern über die Situation in den Vernichtungslagern kundig gemacht. Gleichzeitig lässt er aber auch Erfahrungen von Razzien und Deportationen mit hineinspielen, wie er sie selber aus der Ferne oder aus einem Versteck mit angesehen haben konnte.[213]

Zuletzt fällt auf, dass die gemeinsamen Metaphern und Anspielungen in den am meisten bei Celan wiederholten refrainartigen Zeilen auftauchen. Also in dem, was am meisten nach einem Zuhören im Gedächtnis haften bleibt. Auch hier spielt Celan innerhalb des Gedichtes mit bemerkenswerten Variationen. So wird bei den Angaben zum Tagesablauf das erste Mal mit „abends“ (V. 1) begonnen, bei allen Wiederholungen dagegen mit „nachts“ (V.10, 19, 27), während die anderen Angaben wechselnd gegeneinander ausgetauscht werden. Während die „Schwarze Milch der Frühe“ am Anfang in der dritten Person mit „sie“ (V. 1) aufgegriffen wird, erfolgt bei allen späteren Wiederholungen die Ansprache in 2. Person: „wir trinken dich“ (V. 10, 19, 27). Es ist jedoch auch zu berücksichtigen, dass Immanuel Weissglas nach einem Bericht seines Vaters selber Bekanntschaft mit der Bedeutung und Wirkung der Geige bei Razzien und Selektionen gemacht hat.[214] Von daher geht man immer noch am sichersten, wenn man, solange nichts genaueres bekannt ist,

---

[211] Th. Sparr: Todesfuge. Biographie, 63, zitiert folgende spätere Aussage von Celans Jugendfreund Moshe Barash: „Diese Zusammensetzung – Gräber, wo man nicht gedrängt ist, Herbeipfeifen von Rüden und Juden und Aufspielen zum Tanz -, das hat eine für mich bis heute – entschuldigen Sie – erschreckende Genauigkeit.“ (Als Beleg angegeben: Moshe Barash: Interview, in: Sprache und Literatur in Wissenschaft und Unterricht 55, 1985, 93-97, hier 102). Es ist das große Verdienst von Thomas Sparr, den Realitätsbezug des Gedichtes neu deutlich gemacht zu haben.

[212] Vgl. Th. Sparr: Todesfuge. Biographie, 48: „Zu diesem Arbeitsdienst hat sich Paul, wie wir vermuten, freiwillig gemeldet. [...] Man muss diesen Arbeitsdienst von den Deportationen in die Lager diesseits und jenseits des Bug unterscheiden, die oft reine Arbeits- und Todeslager waren. Vermutlich hat sich Paul freiwillig gemeldet, um der drohenden Deportation zu entgehen.“

[213] Wie es Moshe Barash von sich erzählt in einem Zitat bei: Thomas Sparr: Todesfuge. Biographie, 62.

[214] Stimmt es, dass Weissglas aufgrund seiner Geige nicht nur sich selbst, sondern auch seine Eltern vor der Aussonderung für ein Vernichtungslager retten konnte, versteht man, weshalb er nicht so sehr wie Celan an der Wiedergabe eines Lageralltags interessiert war. Vgl. Th. Sparr: Die Todesfuge. Biographie, 53: „Die Geige erwies sich als Glück für die Familie Weissglas.“

von einer voneinander unabhängigen Entstehung der beiden Gedichte ausgeht.
Der Tod ein Meister aus Deutschland? Trifft dies noch heute zu? Darin spricht sich aus, dass die deutsche Kultur durch ihren Abstraktionsgrad immer wieder in besonderer Gefahr ist, den Zusammenhang mit dem Leben aus den Augen zu verlieren. Wo die Abstraktion sich nicht eine eigene Ebene erobert und das Leben auf sich beruhen lässt, wo sie stattdessen an die Stelle des Lebens zu treten versucht, da muss sie unweigerlich zerstörerisch werden. Deutschland ist heute eines der Länder mit dem größten Waffenexport und bedient sich nach wie vor bis in den Alltag hinein einer sehr martialischen Rhetorik, wenn Fußballmannschaften einander *zerlegen*, oder Kritiker einen Schriftsteller *auseinandernehmen*, *fertig machen*, oder sonst wie *erledigen*. Selbst gegenüber Pandemien schreckt man nicht vor einer martialisch sich gebenden Rhetorik zurück. Sprache scheint harmlos zu sein. Doch wehe uns, wenn da wieder einmal ein Wahnsinniger kommen sollte, der solche Redewendungen wörtlich nehmen und in die Tat umsetzen wollte!

Der Lagerchef, der in Mußestunden Liebesbriefe schreibt, und in Arbeitsstunden Hunde auf seine Arbeitssklaven hetzt, symbolisiert noch immer etwas von einer Kultur, die sich auf das Private zurückgezogen hat und den Mechanismen eines übermächtigen Systems nur wenig entgegenzusetzen hat. Bei allem Unterschied ist in unserer Gesellschaft immer noch etwas von dieser Diskrepanz spürbar, wenn sie durch den immer wieder mit klirrendem Pathos beschworenen und meist missverstandenen Begriff des Rechtsstaates sanktioniert und festgeklopft wird und damit Einzelne gegen ihr Gewissen genötigt werden. So ein Chef wie in Celans Gedicht steht uns damit näher als wir zugeben möchten. Die Ursache für diese Schizophrenie liegt nicht so sehr in der persönlichen Schlechtigkeit als vielmehr im gesamten System, das gar nichts anderes zulässt und nur durch eine kollektive Revolte gegen eben dieses System geändert werden könnte.

Selbst die deutsche Vergangenheitsbewältigung behält bis heute etwas von diesem Charakter. So gründlich und wahrhaftig sie auf der einen Seite erscheint, so hat sie noch immer etwas quasi Privates an sich, gibt sich wie ein Liebesbrief an eine anonyme Adresse, ohne auf die öffentliche Gesellschaft und Politik, auf das „System" im Ganzen rückwirken zu können. Davon, dass auch einmal das Leben ein Meister in Deutschland sein könnte, scheinen wir noch weit entfernt. Aber, wer weiß …

Wer weiß, was noch sein könnte, wenn die BRD endlich einmal alle nuklearen Waffen aus ihrem Bereich entfernt, die Rüstungsindustrie eindämmt, den Rüstungshandel aufhebt, für flüchtige und vertriebene Menschen die Grenzen offen hält, sich der Herausforderung des Klimawandels mutig entschlossen entgegen stellt, jeglichen Antisemitismus wie jede andere Form von Intoleranz erfolgreich überwindet.

Wie die Isolierung des Individuell-Persönlichen das eine Extrem erzeugt, so die übermächtige Vereinnahmung dieses Individuellen durch kollektive Ängste und Bedürfnisse das andere. Das geht dann mit einer Überbewertung der Zugehörigkeit zu einer Familie, einem Stamm, einer Nation einher.

Die meisten Konflikte der heutigen Zeit scheinen mit dem unterschiedlichen Verhältnis von Individuum und Gemeinschaft zu tun zu haben. Schon Frauen und Männer unterscheiden sich durch ein unterschiedliches Verhältnis des Individuums zum Geschlecht: Bei der Frau scheint das Geschlecht im ganzen schwach, aber das Individuum besser aufgehoben in der solidarischen Gemeinschaft der anderen Frauen und insofern wieder stark; beim Mann scheint das Geschlecht unbesiegbar, dafür steht das Individuum als Preis für seine Autonomie völlig vereinsamt und insofern gerade schwach da. Aber auch kulturelle Identitäten unterscheiden sich danach, ob für die Freiheit des Individuums Unverbindlichkeit im Sozialen in Kauf genommen wird, oder ob das Überleben des Kollektivs so im Vordergrund steht, dass individuelle Freiheiten nur in einem ungefährlich scheinenden Maß zugelassen werden.

Bei Celan dienen die literarischen Anspielungen an das Hohe Lied gerade auch dazu, einen kulturellen Gegensatz mit seinen Wirkungen auf persönliche Beziehungen zu benennen und auf die Fehler im System hinzuweisen. Ja es geht dabei um den entscheidenden Gegensatz eines ganzen Jahrhunderts. Paradoxerweise wird in Celans Gedicht die Realität gerade nicht in Literatur aufgelöst, sondern umgekehrt: die Literatur, in so vielen Anspielungen gegenwärtig, wird zur Metapher für die Realität. Ein Sieg der Liebe scheint am Ende auszubleiben – oder wird er einer fernen, noch ganz schemenhaft sich abzeichnenden Zukunft am Ende doch noch zugetraut?

9. Robert Schindel: Wolken

Und wie ist es also in der nachfolgenden Zeit und in zeitgenössischer Literatur weitergegangen? Vielleicht kann uns das Gedicht „Wolken" von Robert Schindel etwas dazu sagen, in dem das Sprechen ein zentrales Thema ist. Doch Sprechen wovon? Das wollen wir uns das Gedicht selber sagen lassen.

Wolken[215]

(1) Ich spreche über die Ermordung etlicher Menschen

(2) Da hat der Rauch aus sich eine Wolke gemacht

(3) Darunter die Kälber grasen, bevor man sie isst

(4) Da hat das Kalb aus sich ein Kalb gemacht.

(5) Darunter spreche ich über die Ermordung etlicher Menschen.

---

[215] Text zitiert nach: Robert Schindel: Fremd bei mir selbst. Die Gedichte, Frankfurt 2004, 19. „Wolken" ist Bestandteil des ersten Gedichtbandes des Autors unter dem Titel „Im Herzen die Krätze", mit Gedichten aus den Jahren 1965 – 1978. In Klammern den Zeilen vorangestellte Verszählung von mir, zur besseren Orientierung bei der Analyse.

(6) Darüber steht das Wort in seinem Hof

(7) Da hat der Begriff aus sich eine Wolke gemacht.

(8) Darunter die Kinder grasen bevor, seht die Kindeskinder

(9) Da hat das Kind aus sich ein Kind gemacht

(10) Ich spreche über die Wörter in ihren Höfen

(11) Ich spreche über die Zeitung, die mich zerlesen

(12) Da hat die Schwärze aus sich einen Menschen gemacht

(13) Darunter schnürt er die Fesseln, bevor er geschaut den Winter

(14) Da hat das Kind aus sich ein Kalb gemacht

(15) Darunter spreche ich über die Zeitung, die mich zerlesen.

(16) Darüber steht die Ermordung etlicher Worte

(17) Da hat der Begriff aus sich einen Rauch gemacht

(18) Darunter ein Winter, der schaut seine Kindeskinder

(19) Da hat der Mord aus sich eine Wolke gemacht

(20) Ich spreche über die Ermordung etlicher Menschen.

In der Wiederholung und Verschränkung von Satzteilen wird gleich eine gewisse Stilverwandtschaft mit Celans Todesfuge sichtbar. Die Strophenform, bei der die jeweils erste Zeile in der letzten wieder aufgenommen wird, erinnert jedoch auch stark an Gedichte nach dem Muster von Platens „Tristan und Isolde“. Nur wird sie hier etwas flexibler gehandhabt, so dass dadurch nicht nur die einzelnen Strophen, sondern auch das ganze Gedicht wieder einen Rahmen erhält. Auch die Thematik ist ähnlich wie bei Celan, nur mehr mit dem Akzent der Erinnerung aus Sicht der Nachgeborenen. Auch Platens Gedicht besitzt mit den Themen Schönheit, Liebe und Tod eine starke thematische Nähe zum Hohen Lied. Allerdings wird im Unterschied zu diesem bei ihm besonders die dämonische Seite der Schönheit hervorgehoben und dadurch dem ganzen ein starker fatalistischer

Einschlag verliehen. Der Tod ist ein unvermeidliches Schicksal, dem man in die Augen schaut, statt ihn freiwillig aus dem Siegesbewusstsein der Liebe auf sich zu nehmen. War dies vielleicht für Schindel ein Grund, mit Anspielungen daran eine Brücke zur Bewältigung der Shoah zu schlagen?

Robert Schindel ist ein österreichischer Dichter jüdischer Herkunft, der als Kind der Shoah entkommen ist.[216] Durch diese hat er seinen Vater verloren, während die Mutter als Überlebende heimkehren konnte. Äußerst fruchtbar als Lyriker, ist er auch mit Romanen hervorgetreten. Obwohl ein bemerkenswerter Dichter mit origineller Eigenart, scheint er in Deutschland lange nicht so bekannt zu sein, wie er es verdiente. Seine Entdeckung verdanke ich meinerseits einem Vortrag auf dem Münsteraner Katholikentag. Er treibt in seiner Sprache den von Celan beschrittenen Entfremdungseffekt voran. Seine Lust an Wortspielen und Wortschöpfungen, die im Leser die unterschiedlichsten und teilweise widersprechendsten Assoziationen wecken, könnten wiederum eher an Else Lasker-Schüler erinnern.[217] Das muss nicht auf direkten Einfluss hindeuten, sondern kann einfach die Folge geistiger Verwandtschaft sein. Dem Einfluss der Hebräischen Sprache mit ihrer Konsonantenschrift dürften Wortspiele durch Vokalvertauschung geschuldet sein. Der persönlichen Eigenart des Dichters verdanken sich dagegen die Wortspiele durch enges Verhaken zweier oder mehrerer Worte. Dabei wird gern auf überflüssige Fugenelemente verzichtet (z.B. Lieblied[218] statt Liebeslied). Dies formale Verhaktsein bei fortbestehender Getrenntheit könnte symbolisch für die allgemeine Erfahrung des „Fremd-bei-sich-

---

[216] Eine Poetische Verarbeitung seines jungen Lebensschicksals bietet das Gedicht „Erinnerungen an Prometheus", in: Fremd bei sich selbst, 12-15, bes. 11-13. Ausführlicher in erzählerischer Form in: Andrea von Treuenfeld: Erben des Holocaust, 57-65.

[217] Reich Ranicki: Nachwort zum Sammelband der Gedichte: Fremd bei sich selbst, 462: „Die Kritik hat seine poetischen Ahnen genau erkundet und sorgfältig aufgezählt: Die Reihe reicht von Villon und Hölderlin über Heine und Brecht bis Paul Celan." In dieser summarischen Aufzählung wird Else Lasker-Schüler also nicht ausdrücklich genannt. Eine stilistische Nähe scheint aber unverkennbar, mag sie nun durch äußeren Einfluss oder verwandtes Sprachgefühl bedingt sein.

[218] So lautet der Titel einer ganzen Reihe von Schindels Gedichten.

selbst“[219]-Seins bzw. Fürsichseins bei allem Ineinandersein stehen. Dies „Verhaken“ verleiht den Gedichten eine Gedrängtheit, die auf engstem Raum eine außerordentliche Vielfalt des Ausdrucks erlaubt und den Eindruck einer Wortgewalt vermittelt, die auf ihre Weise derjenigen etwa eines Friedrich Hebbel ebenbürtig ist.

Dabei bleibt es mehr als zweifelhaft, ob Schindel ausdrücklich an das Hohe Lied der Hebräischen Bibel gedacht haben könnte. Diese Verbindung färbt wenn, dann wohl mehr indirekt durch Vermittlung der genannten beiden Vorbilder ab. Wahrscheinlich dürfte er ganz andere biblische Bezüge im Kopf gehabt haben, auf die aber das Hohe Lied seinerseits anspielt: Wolke und Rauch (Vers 2) z.B. weisen auf die Wolkensäule in der Wüstenwanderung nach dem Auszug hin, worauf auch vor allem Hld 3,6 anzuspielen scheint: „Wer ist dies [oder: diese] Aufsteigende aus der Wüste? wie eine Wolkensäule, duftend von Myrrhe und Weihrauch, unter allem Rauch des Gewürzpulvers“; vgl. auch Hld 8,5: „Wer ist diese, die aufsteigt aus der Wüste …“. Dadurch verbindet sich der Anfang der Geschichte Israels mit der späten großen Katastrophe der Shoah.

Während Celan mit seiner Todesfuge die unmittelbare Lagerrealität nacherleben lässt, scheint Schindels vieldeutiges Gedicht „Wolken“ eine kritische Auseinandersetzung mit der Erinnerungskultur darzustellen, durch die die vergangene Realität in Wolken von Begriffen und Wörtern umhüllt wird. Das kann im schlimmsten Fall wiederum zur Ermordung von Menschen führen, sei es verbal, durch Respekt- oder Achtlosigkeit der Sprache, oder real, wenn die Unfähigkeit, aus Vergangenem zu lernen, aufs neue in gewalttätige Auseinandersetzungen hineingleiten lässt.

Das „Kalb“ (Vers 4) könnte eine Anspielung auf das goldene Kalb sein, das symbolisch für die wechselnden Moden der Gesellschaft steht, zugleich aber

---

[219] So der Titel eines Gedichtes, das dann einem Sammelband mit Schinkels Gedichten den Namen gegeben hat.

auch eine Anspielung auf das Opfertier enthalten, das zum Verzehr gemästet wird. Auf das Hohe Lied könnte dagegen die Rolle der Druckerschwärze zu beziehen sein: „Da hat die Schwärze aus sich einen Menschen gemacht“ (V. 12). Die Gemeinsamkeit mit dem Hohenliedvers: „Schwarz bin ich und schön“ (Hld 1,5) besteht hier außer in der Farbe im Bezug zur menschlichen Existenz. Der Bezug kann bewusst gesetzt sein oder sich wiederum unbewusst ergeben haben durch die Vermittlung der Todesfuge (Schwarze Milch in der Frühe). Die direkte Verbindung zum „Menschen“ steigert einerseits, ob bewusst oder unbewusst, die Nähe zum Hohen Lied, gibt ihr jedoch andererseits, ähnlich wie bei der Todesfuge, die Bedeutung einer Kontrafaktur. Statt für Naturverbundenheit steht hier „Schwärze“ gerade für die „Naturentfremdung“ der modernen Zivilisation, die die Menschen nach sich selber formt, wenn die Menschen ihre eigene Gottebenbildlichkeit preisgeben und vergessen.

Das Gedicht hat ein Thema, das erst entschlüsselt sein will, und einen Aufbau, der eine klare Struktur aufweist. Das Stichwort „Ermordung etlicher Menschen“ (V. 1 u. 20) umrahmt das gesamte Gedicht, das dadurch an seinem Ende kreisförmig wieder in den Ausgangspunkt zurückkehrt. Die bewusste Untertreibung des Ausdrucks möchte einerseits eine *wolken*förmig aufgeblähte Rhetorik entlarven, andererseits vielleicht auch verdeutlichen, wie dort, wo es um Ermordung geht, die Zahl eigentlich keine Rolle spielt, weil Jeder und Jede Einzelne zuviel ist.

Die Formel „Ich spreche“ verbindet den Rahmen mit dem Zentrum des Gedichtes. Denn so beginnt auch die letzte Zeile der zweiten (V. 10), sowie die erste Zeile der dritten Strophe (V. 11). Da die Anzahl der Strophen sowie die Gesamtzahl der Verse gerade ist, stehen sie genau in der Mitte des Gedichts.[220] Der jeweilige Zwischenraum zwischen Rahmen und Zentrum ist

[220] Die Mitte hervorzuheben, bzw. das Betonte bewusst in die Mitte zu stellen, ist bereits ein beliebtes Stilmittel der biblisch-hebräischen Literatur.

dagegen gekennzeichnet durch die unpersönliche Feststellung: „Darüber steht". So heißt es in der ersten Zeile der zweiten Strophe: „Darüber steht das Wort in seinem Hof" (V. 6), und in der ersten Zeile der vierten Strophe: „Darüber steht die Ermordung etlicher Worte" (V. 16). Diesem „Darüber" der Worte, bzw. ihrer Ermordung, das auch räumlich immer am Anfang, also oberhalb der entsprechenden Strophen steht, entspricht die refrainartige Wiederholung eines „Darunter", das sich durch alle Strophen zieht, mit jeweils wechselnden Subjekten und Verben. Alle Strophen sind miteinander verzahnt: die mittleren Strophen (also die zweite und dritte) durch das „Ich spreche", die äußeren Strophen (also die erste mit der zweiten, bzw. die dritte mit der vierten) durch den Wechsel von „Darunter" zu „Darüber" (z.B. V. 5 u. 6).

Jeweils die zweite und die vierte Zeile jeder Strophe läuft auf das Partizip „gemacht" aus. Die dritte Zeile der zweiten und vierten Strophe endet auf „Kindeskinder" (V. 8 u. 18), mit dem darin enthaltenen Hinweis auf das Weiterwirken der Generationen. Dazu reimt die dritte Zeile der damit eingerahmten dritten Strophe „Winter". Ja, in der vierten Strophe ergibt sich damit ein innerer Reim: „Darunter ein *Winter*, der schaut seine Kindes*kinder*" (V. 18). Die Jahreszeit Winter steht vielleicht für die Gefühlskälte, die sich durch den zeitlichen Abstand zu den vergangenen Zeiten einzustellen beginnt. Oder kennzeichnet es vor allem die Zeit der ersten Verdrängung? Auch hier wäre ein möglicher biblischer Bezug das Hohe Lied, das die Überwindung des Winters durch den Frühling besingt. In Schindels Gedicht scheint es jedoch der Winter zu sein, der die Oberhand behält und die anderen Jahreszeiten zu verdrängen droht.

Das einzelne Kind, beispielhaft für das einzelne Individuum, sicherlich aber auch eine Erinnerung an das Mosekind, dessen Rettung die Rettung des Autors in Kinderjahren vorwegnimmt, bildet die Brücke sowohl zu Kinder und Kindeskindern durch Pluralbildung wie durch Alliteration zu Kalb (an das goldene Kalb anspielend), wenn es in der vierten Zeile der dritten Strophe heißt: „Da hat das Kind aus sich ein Kalb gemacht“ (V. 14).

Darüberhinaus lassen sich die verwendeten Ausdrücke für all die Größen, die sich durch ein Etwas-aus-sich-Machen ständig verwandeln, in eine Steigerungskette bringen, die dann so aussieht: Rauch – Wolke (V. 2); Kalb – Kalb (Vers. 4); Begriff – Wolke (V. 7), Kind – Kind (V. 9); Schwärze – Mensch (V. 12); Kind – Kalb (V. 14); Begriff – Rauch (V. 17); Mord – Wolke (V. 19).

Das Gedicht kommt zunächst in lapidarer Alltagssprache daher. Doch beim näheren Hinschauen zeigt es sich so durchkomponiert, dass jedes Wort an der ihm vorbehaltenen Stelle steht. Im Gegensatz zur Todesfuge mit ihrer Flucht gegen ein entsetzliches Ende, vermittelt „Wolken“ von Schindel eher den resignierten Eindruck eines verhängnisvollen und unentrinnbaren Kreislaufs, bei dem es am Ende immer auf dasselbe hinausläuft: „Ermordung etlicher Menschen“. Und doch scheint Schindel im weiteren Verlauf seiner Entwicklung nicht dabei stehengeblieben zu sein. Das Spannungsverhältnis zwischen einem Darüber- und Darunterstehen liegt noch Schindels späterem Roman „Der Kalte“ zugrunde. Auch hier geht es um den Generationenwechsel in der Shoah-Bewältigung. Der „Kalte“ bezeichnet einen Überlebenden mit dem Namen Edmund Fraul, für den eine gewisse nach außen gezeigte Kälte Bestandteil seiner Überlebensstrategie geworden ist (vgl. den „Winter“ im Gedicht). Am meisten hat der eigene Sohn Karl darunter zu leiden, der dieses Verhalten nicht mehr verstehen mag. Diesem Generationenkonflikt stehen die Konflikte in der Gesellschaft gegenüber, die von drei Gruppen dominiert wird: den Konservativen, die die faschistische Vergangenheit, vertreten durch die sog. Optanten (die für den Reichsanschluss „optiert“, also gestimmt haben), verharmlosen möchten oder selber noch damit zusammenhängen, den Linken, die sich den leidenschaftlichen Kampf gegen Faschismus und Antisemitismus auf die Fahnen geschrieben haben, aber oft keine lebendige Beziehung zum realen

Judentum haben, und schließlich den Juden selber, die nicht wissen, wie sie sich zwischen diesen Gruppen einordnen sollen. In dieser Gesellschaft gibt es nicht nur überlebende Opfer, sondern gleichermaßen überlebende Täter. Von ihnen sind einige in der Lage, ihr früheres Leben zu bereuen, andere lassen keine Reue erkennen und haben nur die einzige Sorge, sich der Justiz zu entziehen. Der Kalte trifft sich regelmäßig mit einem reuigen Lagerkommandanten, der ihm und seiner entlastenden Aussage ein vergleichsweise mildes Strafmaß verdankt, das er im Gefängnis bereits abgesessen hat. Von ihm lässt sich der Kalte Geschichten aus Ausschwitz erzählen, um den eigenen Erzählungen einen weiteren Horizont zu verleihen. Ein anderer, der keine Reue zeigt, kommt wegen mangelhafter Beweise ganz ungeschoren davon und ist nach wie vor unter wechselnden Namen unterwegs. Fast als wollte eine höhere Gerechtigkeit die Unvollkommenheit der menschlichen ausgleichen, kommen beide Täter am Ende des Romans durch unglückliche Unfälle, die der Zufall herbeiführt, ums Leben. Erst jetzt fühlt sich Edmund Fraul soweit befreit, dass er das Lager von Auschwitz nicht nur wie bisher aus der reinen Opferperspektive von unten, sondern auch, in neuer Überlegenheit, aus einer Überblicksperspektive von oben betrachten kann. Nebenbei bahnt sich durch seine neu gewonnene Gelassenheit und die darin überwundene Kälte (man vergleiche den „Winter" im Gedicht „Wolken") ein versöhntes Verhältnis zu seinem Sohn Karl an. Im folgenden Dialog zwischen Edmund Fraul und seiner Frau Rosa mit seinem Ineinander unterschiedlicher Gedankenebenen mag das Vorangegangene ausklingen[221]:

„Egon Wirths, der Bruder, hat mich gefragt, ob ich das Buch schreibe", sagte Edmund kauend. „Die Mandl hat vor meinen Augen ein Zigeunermädel totgeschlagen", sagte Rosa und bekräftigte den Satz mit einem leichten Nicken. „Ich habe zugestimmt", sagte Edmund. „Nachher ist sie, ohne sich die Hände zu waschen, zu Fania gegangen und hat dem Orchester bei den Proben zugehört. Sie

---

[221] Text nach: Robert Schindel: Der Kalte. Roman, Berlin [2]2013, 629.

haben die Egmontouvertüre geübt. Die Mandl liebte Beethoven. Ach, hat die Beethoven geliebt." „Und jetzt werde ich es wirklich schreiben. Rosa, hör zu. Ich schreibe ein letztes Buch über Auschwitz." „Nicht mehr von unten?" „Nein, eben. Du verstehst, da bin ich froh. Von oben schreibe ich diesmal. Ich versuche hinabzusehen, ich versuche einen Überblick. Das sollte schon noch sein." Rosa erhob sich und begann den Tisch abzuräumen.

10. Abschlussgedanken

Obwohl die Aufnahme eines biblischen Buches innerhalb der neuzeitlichen Dichtung als Teil der biblischen Rezeptionsgeschichte aufzufassen ist, zeigt sich dabei auch die besondere Tendenz der Dichtung, sich von all jenen konventionellen Deutungsmustern zu befreien, wie sie oft von der umgebenden Gesellschaft vorgegeben werden.

Obwohl die oben gebotene Auswahl eigentlich völlig zufällig ist, und nur die Werke umfasst, auf die ich irgendwie, ohne ausdrücklich danach zu suchen, gestoßen bin, besitzt sie doch im Nachhinein einen gewissen repräsentativen Charakter. Es kommen alle Dichtungsformen des Lyrischen, Epischen und Dramatischen zu Wort. Es sind Vertreter verschiedener Konfessionen vertreten: heidnische Römer etruskischer Provenienz (Properz), Protestanten (Hebbel, Heyse), Katholiken (Victor Hugo), Juden (Celan, Else Lasker-Schüler, Robert Schindel). Fehlt leider ein Vertreter des Islam. Und doch ist selbst dieser indirekt anwesend durch den Einfluss, den seine Traditionen zur Königin von Saba auf Heyses Drama „Die Weisheit Salomos" ausgeübt haben. Auch die Auswahl der Sprachen ist sehr begrenzt geblieben (neben hebräisch: lateinisch, deutsch, französisch). Es schließt sich insofern ein Kreis, als mit lyrischen Beispielen begonnen und mit ebensolchen geendet wurde. Der Dichtung des Hohen Liedes fällt in dieser Begegnung zwischen biblischer Tradition und zeitgenössischen Dichtungsformen eine besondere

Vermittlungsfunktion zu. Biblische Kenntnisse helfen, biblisch inspirierte Dichtungen besser zu verstehen. Im Fall von Heyses Drama „Maria von Magdala“ lässt sich sogar zeigen, wie erst dadurch nicht nur einzelne Anspielungen zu erkennen sind, sondern die zentrale Hauptaussage des Dramas als solche erst richtig verständlich wird. Von der andern Seite her bringen die Dichtungen zutage, wie sehr das Hohe Lied in der Rezeption eine Brückenfunktion besitzt, in dem es *das* biblische Buch ist, das am ehesten geeignet ist, auf allgemein-menschliche Konflikte bezogen zu werden, gleichzeitig damit aber auch die gesamte biblische Welt durch ihre Verwobenheit darin im Hintergrund aufscheinen zu lassen. Die vorkommenden Themen sind: Wert der menschlichen Beziehung zum Partner und zur Umwelt (Hebbel), Erfahrung von Exil als Folge diktatorischer Politik (Hugo), Neid als Ursache gesellschaftlicher Übel (Heyse), Abfall des Menschen von sich selbst (Else Lasker-Schüler), Erinnerung und Bewältigung einer einschneidenden Katastrophe (Celan und Schindel). Die getroffene Auswahl hat etwas von ihrem Zweck doch vielleicht erfüllen können durch die Hilfe, in der Dichtung des Hohen Liedes, nach dem Ausdruck von Graetz, etwas über die zwischenmenschliche Liebe Hinausweisendes aufzufinden, und sie dadurch ebenso vor dem Abgleiten in sentimentale Liebeslyrik wie bedeutungslose Erbauungsliteratur zu bewahren. Dieses durch die Liebe über die Liebe Hinausweisende könnte die Aufmerksamkeit von Religion wie Gesellschaft für die aktuellen Herausforderungen neu schärfen. Und die Botschaft des Hohen Liedes, in vielfältigen Dichtungen verkörpert, könnte die Augen nicht nur für die partnerschaftliche Liebe, sondern auch für die Liebe zur Mitwelt im Rahmen heutiger Umweltproblematik öffnen, und in Abwehr jeglicher Form des Missbrauchs einer neuen Kultur der Zärtlichkeit[222] den Boden bereiten. Eine

---

[222] In Anlehnung an ein Drewermannwort in: E. Drewermann, Heilung, 70: „Ich bedauere nicht eigentlich, daß uns das Hohelied der Liebe abhanden gekommen ist; dem Normalbürger ist altorientalische Lyrik ja in keiner Form präsent und unmittelbar zu vergegenwärtigen. Aber daß uns die Poesie der Liebe abhanden gekommen ist, daß wir bis in die Literatur hinein im Grunde Zärtlichkeitszerstörung betreiben, die Außenseite der Sexualität entweder bis ins Krasse

solche ließe sich ohne weiteres der durch die Coronapandemie gewachsenen Kultur der Achtsamkeit an die Seite stellen und als deren Weiterführung und Vertiefung verstehen. Eine solche Zärtlichkeitskultur ließe sich als Ausdruck der gemeinsamen Verantwortung für die zwischenmenschlichen Beziehungen, die Sorge für Flüchtige und andere Benachteiligten, den Umgang mit der Mitwelt und die Bewältigung von Krisen und Katastrophen verstehen. Wer einmal verinnerlicht hat, dass die Liebe in ihrer weitesten Bedeutung „so stark ist wie der Tod", der hat es nicht mehr nötig, auf die entlastende Abstimmung mit Anderen zu warten, bevor er Hilfsmaßnahmen im Bedarfsfall einleitet. So Jemand findet den Mut, beherzt einzugreifen und anschließend abzuwarten, was sich im Nachhinein an gemeinsamem Handeln daraus entwickeln kann. Verantwortung heißt Initiative, weil, wie die Bibel weiß, das Wort am Anfang von allem steht …

---

hinein feiern oder aber dem in der Kirche einen fast mystischen Kult an die Seite stellen, ohne daß die Dinge sich vermitteln, das bedauere ich zutiefst."

a) Bibelausgaben und Hilfsmittel

Biblia Hebraica Stuttgartensia (zweite bearbeitete Ausgabe von W. Rudolph und H.P. Rüger), Stuttgart 1984.

Die Schriften (hebräisch-deutsch) in der Übersetzung von Rabbiner Ludwig Philippson (hg. von Walter Homolka / Hanna Liss / Rüdiger Liwak), Freiburg i.Br. 2018.

Die Schrift. Aus dem Hebräischen verdeutscht von Martin Buber gemeinsam mit Franz Rosenzweig: 4 Bände (Die fünf Bücher der Weisung, Bücher der Geschiche, Bücher der Kündung, Die Schriftwerke), Stuttgart 1992.

Jentzmik, Peter u.a.: Das Lied der Lieder nach Salomo. Aus der Biblia Hebraica, Limburg 2017.

Begrich, Gerhard: Das Hohelied Salomos. Eine Dichtung von Sulamith neu übersetzt und erläutert, Stuttgart 2015.

Rienecker, Fritz / Maier, Gerhard: Lexikon zur Bibel, Wuppertal ^{2}1998.

b) Ausgaben anderer Werke (chronologisch nach Autorendaten)

Der Koran. Übersetzt und kommentiert von Adel Theodor Khoury, Gütersloh 2007.

Properz und Tibull: Liebeselegien. Lateinisch und Deutsch (hg. und übers. von Georg Luck), Zürich 1964.

Goethe, Johann Wolfgang: Sämtliche Werke nach Epochen seines Schaffens. Münchner Ausgabe, Bd. 2: Der junge Goethe 1757-1775, München 1987.

Ders.: Sämtliche Werke. Vollständige Ausgabe in 10 Bd., Stuttgart 1875.

Tieck, Ludwig: Werke in vier Bänden (hg. v. Marianne Thalmann), Bd. III: Novellen, München 1965.

Hugo, Victor: La Légende des siècles. La fin de Satan. Dieu (Bibliothèque de la Pléiade, Édition établie et annotée par Jaques Truchet), Éditions Gallimard 1950.

Hugo, Victor: La Fin de Satan, Éditions Gallimard: Saint-Amand 1984.

Hugo, Victor: Châtiments, Garnier-Flammarion: Paris 1979.

Hebbel, Friedrich: Werke I (hg. von Hans Wahl), Leipzig o.J.

Hebbel, Friedrich: Werke I (hg. v. Karl Zeiß), Leipzig / Wien o.A.

Theodor Poppe: Hebbels Werke Neunter und Zehnter Teil. Hebbels Tagbücher I-II, Leipzig o.J.

Freiligrath, Ferdinand: Werke. Vierter Teil: Übersetzungen I, Berlin / Leipzig o.J.

Freiligrath, Ferdinand: Werke in fünf Büchern (hg. v. Walter Heichen), Berlin o.J

Mahr, Johannes (Hg.): Die Krokodile. Ein Münchner Dichterkreis, Stuttgart 1987.

Heyse, Paul: Gesammelte Werke (Nachdruck der Ausgabe Stuttgart 1924), Hildesheim 1984. [Abk.: SW]

Heyse, Paul: L'Arrabiata. Das Mädchen von Treppi (hg. von Karl Pörnbacher). Im Anhang: Beiträge zur Novellentheorie, Stuttgart 1985.

Kalbeck, Max (Hg.): Paul Heyse und Gottfried Keller im Briefwechsel, Hamburg / Braunschweig / Berlin 1919.

Petzet, Erich (Hg.): Der Briefwechsel von Jakob Burckhardt und Paul Heyse, München 1916.

Lasker-Schüler, Else: Helles Schlafen – dunkles Wachen. Gedichte (ausgewählt von Friedhelm Kemp), München 1962.

Lasker-Schüler, Else: Die Gedichte (hg. und kommentiert von Gabriele Sander), Stuttgart 2016.

Celan, Paul: Ausgewählte Gedichte (Nachwort von Beda Allemann), Suhrkamp-Verlag: Frankfurt a.M. 1968.

Celan, Paul: Gesammelte Werke in sieben Bänden, Frankfurt 1983.

Schindel, Robert: Fremd bei mir selbst. Die Gedichte (mit einem Nachwort von Marcel Reich-Ranicki), Suhrkamp: Frankfurt 2004

Schindel, Robert: Der Kalte. Roman, Suhrkamp: Berlin ^{2}2013.

Knapp, Andreas: Heller als Licht. Biblische Gedichte, Würzburg 2018.

c) Sekundärliteratur (alphabetisch)

Berbig, Roland / Hettche, Walter (Hg.): Paul Heyse. Ein Schriftsteller zwischen Deutschland und Italien (Literatur-Sprache-Region 4), Frankfurt a.M. 2001.

Berbig, Roland: Von Halb-Asien ins europäische Menschenleben. Karl Emil Franzos und Paul Heyse, in: Hugo Aust / Hubertus Fischer (Hg.), Boccaccio und die Folgen: Fontane, Storm, Keller, Ebner-Eschenbach und die Novellenkunst des 19. Jahrhunderts, Würzburg 2006, 135-153.

Bruners, Wilhelm: Zuhause in zwei Zelten. Geschichten und Reflexionen, Innsbruck 2017.

Buber, Martin: Bilder von Gut und Böse, in: Martin Buber, Werke I. Schriften zur Philosophie, München 1962, 605-650.

Bubis, Ignatz: Juden in Deutschland (hg. von Wilhelm von Sternburg), Berlin 1996.

Drewermann, Eugen: Der tödliche Fortschritt. Von der Zerstörung der Erde und des Menschen im Erbe des Christentums, Regensburg [4]1986.

Eidelkind, Yakov: Cant 3:2-3, 5:6-7 and Parallels from Propertius and Tibullus, in: Leonid Kogan et al. (Hg.), Babel und Bibel 1 (Orientalia et Classica 5), Moskau 2004, 219-230.

Emmerich, Wolfgang: Paul Celan, Hamburg 1999.

Ewald, Georg Heinrich August: Das Hohelied Salomo's. Übersetzt mit Einleitung, Anmerkungen und einem Anhang über den Prediger, Göttingen 1826.

Goethe, Johann Wolfgang v.: Noten und Abhandlungen zu besserem Verständniß des West-östlichen Divans, in: Sämmtliche Werke Bd. I, Stuttgart 1875, 543-652. [Abk.: SW]

Graetz, Heinrich: Schir ha-schirim oder das Salomonische Hohelied übersetzt und kritisch erläutert, Breslau 1885.

Günter Grass: Grimms Wörter. Eine Liebeserklärung, Göttingen 2010.

Frenzel, Elisabeth: Stoffe der Weltliteratur, Stuttgart 1976.

Guillemin, Henri: Hugo, Éditions du Seuil: 1994 (o.0.).

Heinevetter, Hans-Josef: Komm nun, mein Liebster, Dein Garten ruft Dich!“ Das Hohelied als programmatische Komposition (BBB 69), Frankfurt 1988.

Henneke-Weischer, Andrea: Poetisches Judentum. Die Bibel im Werk Else Lasker-Schülers, Mainz 2003.

Hofmannsthal, Hugo von: Studie über die Entwickelung des Dichters Victor Hugo, in: Ders., Gesammelte Werke. Reden und Aufsätze I: 1891-1913, Frankfurt 1979, 247-320.

Jericke, Detlef: Toponyme im Hohenlied, in: ZDVP 121 (2005) 39-58.

Keel, Otmar / Schroer, Silvia: Schöpfung. Biblische Theologien im Kontext altorientalischer Religionen, Göttingen 2002.

Kleinert, Ulfrid: Das Rätsel der Königin von Saba. Geschichte und Mythos, Darmstadt 2015.

Dieter Lamping: Von Kafka bis Celan. Jüdischer Diskurs in der deutschen Literatur des 20. Jahrhunderts, Göttingen 1998.

Keel, Otmar / Schroer, Silvia: Schöpfung. Biblische Theologien im Kontext der orientalischen Religionen, Göttingen 2002.

Lapide, Pinchas E.: Ökumene aus Christen und Juden, Neukirchen-Vluyn 1972.

Mann, Heinrich: Geist und Tat. Franzosen von 1780 – 1930, Frankfurt 1997.

Maurois, André: "Olympio" Victor Hugo (übers. v. Walter Fabian), Hamburg 1957.

Moisy, Sigrid von (Hg.): Münchner Dichterfürst im bürgerlichen Zeitalter. Katalog der Ausstellung in der Bayerischen Staatsbibliothek 23. Januar bis 11. April 1981, München 1981.

Noth, Martin: Die Gesetze im Pentateuch. Ihre Voraussetzungen und ihr Sinn, in: Schriften der Königsberger Gelehrten Gesellschaft Nr. 17 (1940), wiederabgedruckt in: M. Noth, Gesammelte Studien zum Alten Testament, München ^{2}1960, 9-141 [mit ursprünglicher Seitenzählung im Innenrand oben].

Oz, Amos / Oz-Salzberger, Fania: Jewsandwords, Yale University press: New Haven / London 2012.

Petzel, Paul / Reck, Norbert (Hg.): Von Abba bis Zorn Gottes. Irrtümer aufklären – das Judentum verstehen, Ostfildern 2017.

Proksch, Brigitte M., Beteiligung – Vielfalt – Dialog. Inspirationen Vinzenz Pallottis zur Ekklesiologie, Friedberg/Augsburg 2014.

Rinser, Luise: An den Frieden glauben. Über Literatur, Politik und Religion 1944-1967 (hg. von H.-R. Schwab), Frankfurt 1990.

Dies.: Kriegsspielzeug. Tagebuch 1972-1978, Frankfurt 1978.

Schelling, Josef Friedrich Wilhelm: Gesamtausgabe herausgegeben von Karl Friedrich August Schelling, Stuttgart und Augsburg 1856-1861. [Abk.: SW]

Ders.: Philosophie der Kunst, in: SW I/5, 357-736.

Ders.: System der Weltalter, Münchener Vorlesung 1827/28 in einer Nachschrift von Ernst von Lasaulx (hg. von Siegbert Peetz), Frankfurt [2]1998.

Ders.: Philosophische Entwürfe und Tagebücher 1846 (hg. von Lothar Knatz, Hans Jörg Sandkühler, Martin Schraven), Hamburg 1998. [Zahl in eckigen Klammern bezieht sich auf Seitenzählung der aktuellen Ausgabe]

Schellnhuber, Hans Joachim: Selbstverbrennung. Die fatale Dreiecksbeziehung zwischen Klima, Mensch und Kohlenstoff, München 2015.

Smend, Rudolf: Deutsche Alttestamentler in drei Jahrhunderten, Göttingen 1989.

Schwienhorst-Schönberger (Hg.): Das Hohelied im Konflikt der Interpretationen (Österreichische Biblische Studien 47), Frankfurt a.M. 2017.

Sparr, Thomas: Todesfuge. Biographie eines Gedichts, München 2020.

Stolte, Heinz: Im Wirbel des Seins. Erkundungen über Hebbel, Heide 1991.

Treuenfeld, Andrea von: Erben des Holocaust. Leben zwischen Schweigen und Erinnerung. Gütersloh 2017.

Zweig, Stefan: Die Heilung durch den Geist. Mesmer – Mary Baker-Eddy – Freud, Frankfurt a.M. 1986.

Printed by Books on Demand GmbH, Norderstedt / Germany